Vie Du Mar#chal De Tourville, Lieutenant-g#n#ral Des Arm#es Navales De France Sous Louis Xiv, Par M. Richer

Adrien Richer

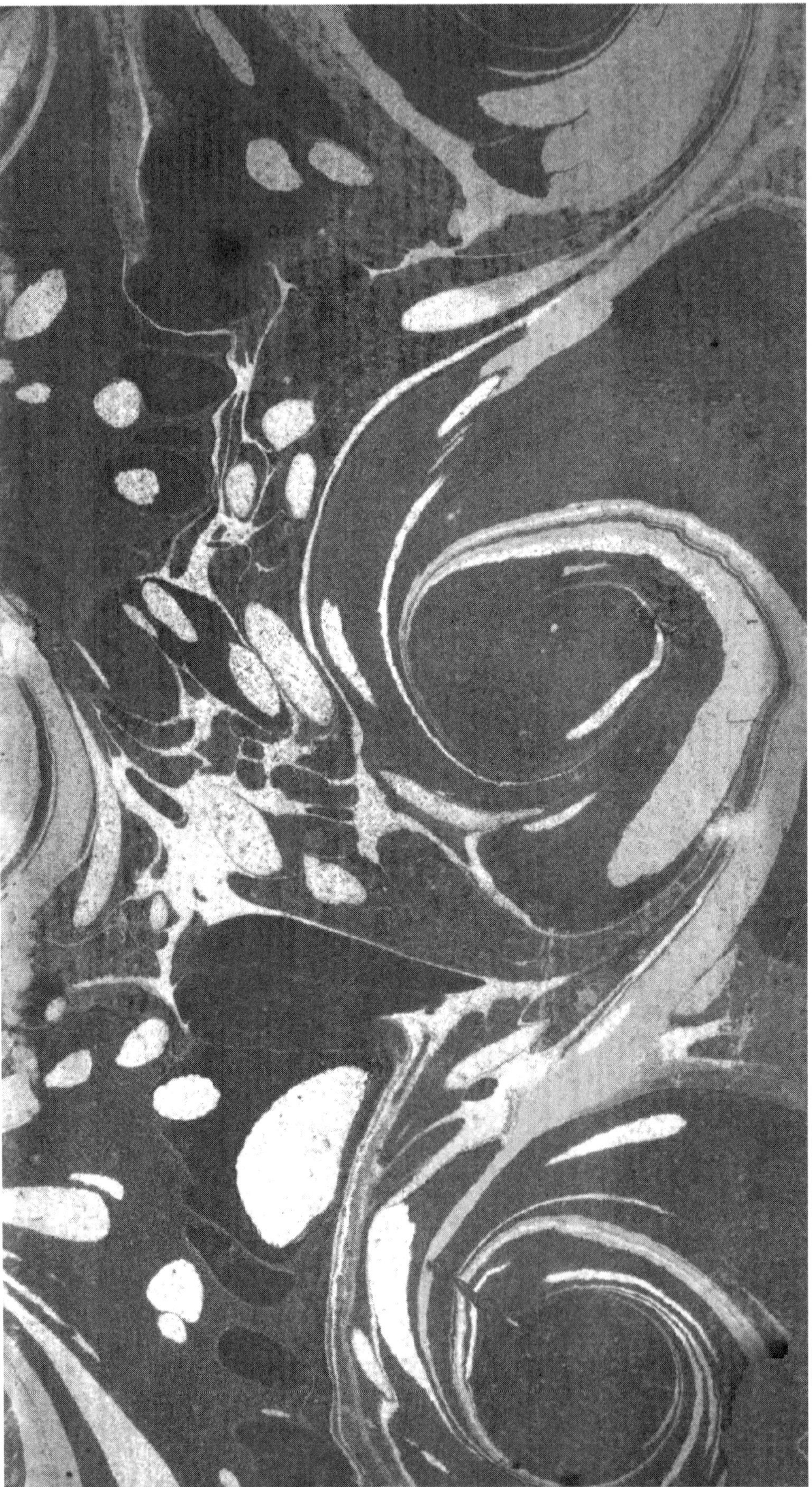

VIES
DES PLUS CÉLEBRES
MARINS.

.. B. C. Chatelain del. et Scu

LE MARECHAL DE TOURVILLE.

VIE
DU MARÉCHAL
DE TOURVILLE,

LIEUTENANT-GÉNÉRAL DES ARMÉES NAVALES DE FRANCE SOUS LOUIS XIV.

Par M. RICHER, *Auteur de plusieurs Ouvrages de Littérature.*

Prix 1 liv. 10 sols broché.

A PARIS,

Chez BELIN, Libraire, rue Saint-Jacques, près S. Ives.

M. DCC. LXXXIII.

Avec Approbation & Privilége du Roi.

AVANT-PROPOS.

Nous étant proposé de donner au Public les Vies détaillées des plus célébres Marins François & Etrangers, comme nous l'avons annoncé dans l'Avant-propos qui se trouve au commencement de celle de Barberousse, nous nous hâtons de faire paroître le Maréchal de Tourville, & nous suivons le conseil de plusieurs Officiers de Marine & de plusieurs gens de lettres. On ne peut effectivement présenter assez promptement un modéle tel que lui : toutes ses actions sur mer sont des leçons. Ici son intrépidité lui fait braver les dangers; là sa prudence les lui fait éviter; ailleurs sa science dans la Marine, son habileté à distribuer ses vaisseaux déconcertent les projets des ennemis & le conduisent à la victoire. C'est un Héros qui honore sa Patrie. Qu'on le cherche dans la vie privée, on trouvera toujours un homme plein d'honneur & de probité. Il aima les femmes; mais cette passion ne l'engagea jamais à se livrer à ces écarts qui la rendent si souvent condamnable.

Les sources où nous avons puisé, sont ses Mémoires, ceux de Quincy, les Regîtres de la Marine & les Mémoires du tems. Nous avons, en outre, profité des traditions que nous avons reçues de différens Officiers dont les peres ont servi sous ce grand homme & été témoins oculaires de ses actions.

L'accueil avec lequel le Public a reçu les Vies de Jean-Bart & de Barberousse, nous excite à donner celles des autres célébres Marins, & nous le ferons avec toute la promptitude possible. Doria, Général des Galeres de France, sous François I, ensuite des armées navales de Charles-Quint, est sous presse : nous allons y mettre le grand du Quesne & le fameux Ruiter, & ainsi de suite. Nous espér ons que cette collection, auſſi agréable qu'utile, ne tardera pas à être complette.

Belin, Libraire, rue S. Jacques, à côté de S. Ives, en eſt ſeul chargé. Il débite chaque Vie, à meſure qu'elle paroît : on trouve à préſent chez lui celles de Jean-Bart, de Barbe-rouſſe & du Maréchal de Tourville.

Comme nous nous ſommes fait une loi de mettre au commencement de chaque Vie le portrait du Héros dont il eſt queſtion, nous avons placé ici celui du Maréchal de Tourville; mais nous ne nous ſommes pas encore conformés à ceux qui repréſentent ces grands hommes avec de groſſes & grandes perruques telles que les Courtisans & les gens de robe les portoient sous Louis XIV. Nous représentons le Maréchal de Tourville à-peu-près de la maniere dont il s'habilloit lorsqu'il étoit sur mer, & montrant d'un air noble, mais simple, l'ordre de combattre. D'une main il présente cet ordre, & de l'autre il tient la garde de son épée.

Desirant de rendre cette collection complette, nous prions ceux dont les Peres ont servi avec distinction dans la Marine, de nous envoyer leurs Mémoires, port franc, à l'adresse du Libraire *Belin*, pour nous remettre, & d'y insérer le plus de détails qu'il leur sera possible.

Ceux qui ſont attachés à leur famille & à leur nom, nous ſauront gré, ſans doute, de leur préſenter l'occaſion de faire revivre la mémoire de leurs Ayeux, & de prouver au Public que la conſidération dont ils jouiſſent aujourd'hui eſt une juſte récompenſe que la patrie accorde aux Héros qui l'ont ſervie.

VIE

VIE DU MARÉCHAL DE TOURVILLE.

ANNE-HILARION DE COTENTIN, Comte de Tourville, étoit d'une des plus anciennes familles de Normandie : son origine se perd dans les tems les plus reculés. Louis-Guillaume de Cotentin, Seigneur de Tourville, accompagna S. Louis, lorsque ce Monarque partit de France pour aller conquérir la Terre sainte, & tenoit un rang distingué dans son armée. Il suivit l'uſage que la piété avoit alors éta-bli ; c'étoit de dépouiller ſes héritiers pour enrichir les Monaſteres. Il donna pluſieurs terres au Prieuré de la Luzerné qui a depuis été érigé en Abbaye. Tous les deſcendans de ce Seigneur ont ſervi l'Etat avec diſtinction.

(*) Céſar de Cotentin, Comte de Tourville & de Fimes, étoit Capitaine d'une Compagnie d'ordonnance en 1632. Il fut enſuite premier Gentilhomme & Chambellan du Prince de Condé & l'accompagna dans toutes ſes expéditions militaires. Louis XIII le fit Conſeiller d'Etat, ce qui eſt une marque certaine de la confiance qu'il avoit en ſes talens. Il lui donna le commandement de la Normandie en 1640, & le chargea de

(*) Mémoires du Maréchal de Tourville.

veiller à la defenſe de la Bourgogne, conjointement avec les Comtes de Tavannes & de Montrevel, Lieutenans Généraux. Lorſqu'on eut pris la réſolution d'aſſiéger Dunkerque, le Roi l'envoya en Hollande, pour engager la République à favoriſer cette importante entrepriſe. Il réuſſit dans ſa négociation & prouva qu'il avoit autant de talens pour cet objet que pour la guerre.

Il épouſa Lucie de la Rochefoucault, fille d'Iſaac de la Rochefoucault, Marquis de Montendre; en eut quatre filles & trois garçons. Célui dont nous préſentons l'Hiſtoire, eſt le troiſiéme. Il naquit à Tourville, lieu ſitué dans la Baſſe-Normandie, l'an 1642, peu après que ſon pere fut parti pour la Bourgogne. Dans preſque toutes les Maiſons de qualité, les derniers enfans mâles sont destinés à l'Etat Ecclésiastique ou à l'Ordre de Malthe. Le Comte de Tourville se proposa de faire entrer le jeune Hilarion dans cet Ordre : mais il n'eut pas la satisfaction de voir les talens de son fils se développer, annoncer la gloire qui l'attendoit & monter aux dignités : une mort prématurée l'enleva en 1647. La Comtesse de Tourville étoit alors Dame d'honneur de la Princesse de Condé. Elle se trouva chargée de sept enfans, trois garçons & quatre filles. Ils devinrent l'unique objet de ses soins, de son attention. Elle chercha à donner à chacun d'eux l'éducation qui lui étoit convenable. Cette vertueuse femme les aimoit tous avec tendresse (*) : mais le jeune Hilarion avoit sur les autres une préférence qu'elle cherchoit en vain à leur

(*) Ibid.

dérober. C'étoit le dernier fruit de ſon amour conjugal, & le plus bel enfant qu'on pût voir. Il avoit les cheveux blonds, les yeux bleus, mais très-vifs, les traits réguliers, le teint ſi beau qu'on le prenoit plutôt pour une fille que pour un garçon; ſon caractere étoit doux & prévenant, tout le monde l'admiroit. L'âge ne lui faiſoit rien perdre de ſa beauté : il développoit au contraire la régularité de ſes traits & celle de ſa taille. Il étoit d'une force & d'une agilité ſurprenantes.

On ne tarda pas à s'appercevoir qu'il avoit un penchant comme naturel pour l'état militaire : lorſqu'on parloit de guerre, on attiroit toute ſon attention. La Comteſſe, ſa mere, ne doutant pas qu'il ne ſe deſtinât au ſervice, réſolut de lui faire apprendre de bonne heure les exercices néceſſaires à cet état.

Elle avoit ſur ſon élévation des preſſentimens qui faiſoient taire les craintes que lui inſpiroit ſa tendreſſe. Elle le fit recevoir Chevalier de Malthe ſitôt qu'il fut arrivé à l'âge de 14 ans; l'envoya à Paris ; écrivit à M. de la Rochefoucault, ſon parent ; le pria de le mettre dans une Académie ; de veiller à ſa conduite ; de lui ſervir de pere. M. de la Rochefoucault le mit chez M. de Renocour qui tenoit la plus célebre Académie qu'il y eût alors dans cette ville. Le Chevalier de Tourville étoit ſi heureuſement conſtruit, qu'il ſuffiſoit de lui indiquer ce qu'il falloit faire, pour qu'il le fît avec la derniere perfection : bientôt il fut ſupérieur à tous ſes camarades. Ils avoient pour lui cette conſidération que les talens ne manquent jamais d'inſpirer à ceux avec leſquels on vit : ils s'empressoient, comme à l'envi, de lui donner des marques de leur estime & de leur amitié : mais sa beauté pensa lui être funeste; elle lui fit donner sur un d'eux une préférence qu'il ne lui pardonna pas. M. de Renocour avoit une jeune fille, qui étoit très-belle : elle attiroit les regards de tous les Académistes qui étoient en pension chez lui; tous rendoient hommage à sa beauté. Les sentimens qu'on lui avoit inspirés, le respect qu'elle avoit pour elle-même, la garantissoient de leurs attaques : ils cessoient d'être amans pour devenir amis respectueux. Cependant, un d'entr'eux, dont le caractere étoit plus bouillant que celui des autres, conçut pour elle la passion la plus violente. Les obstacles ne servoient qu'à l'irriter; c'étoit le Comte de Malet. Il mettoit tout en usage pour la rendre ſenſible, & ne recevoit d'elle que ces politeſſes que l'honnêteté & la décence autoriſent.

Le cœur de la jeune Renocour n'étoit cependant pas inſenſible. Lorſqu'elle vit le Comte de Tourville, elle admira d'abord la régularité de ſes traits, la beauté de ſon teint, l'élégance de ſa taille, la nobleſſe de ſon maintien & de ſes geſtes. Elle prit inſenſiblement du plaiſir à le voir, à le contempler; arriva à deſirer les momens où elle pouvoit être avec lui, & à craindre ceux où il falloit qu'elle s'en ſéparât. Elle ſe reprochoit elle-même ces ſentimens; cherchoit à les combattre, à les vaincre; mais la préſence du Chevalier de Tourville rallumoit l'amour dans ſon cœur & lui faiſoit oublier les conſeils que la raiſon lui donnoit. Elle s'impatienta de ne trouver en lui que de l'indifférence ; résolut de ſavoir ſi ſon cœur étoit inſenſible. L'ayant rencontré un jour qu'il alloit dans l'appartement de ſon pere pour s'informer de ſa ſanté, parce qu'il avoit appris qu'il étoit indiſpoſé, elle l'arrêta, &, après une converſation aſſez vague, lui dit : « Mon pere n'eſt pas le plus malade » de ceux qui ſont ici. Quoi ! reprit, avec vivacité le Chevalier, » Madame » votre mere eſt-elle auſſi indiſpoſée » ? Le viſage de Mademoiſelle de Renocour ſe couvrit du rouge de la pudeur : elle pouſſa un ſoupir, jetta les yeux ſur lui, les baiſſa, lui dit en balbutiant : « C'eſt moi, & c'eſt vous » qui m'avez bleſſée ». Il alloit lui répondre ; mais ils apperçurent le Comte de Malet qui venoit à eux & changerent de converſation.

Le Comte de Malet étoit trop amoureux pour n'être pas jaloux : il se persuada que le Chevalier de Tourville étoit heureux : l'amitié qu'il avoit eue jusqu'alors pour lui se changea en haine : il ne lui parloit plus qu'avec un air de froideur, évitoit même les occasions de se trouver avec lui. Le Chevalier ignoroit son amour pour Mademoiselle de Renocour & ne se doutoit pas de sa jalousie ; il lui demanda un jour quel étoit le motif d'un si prompt changement à son égard. Le Comte de Malet, loin d'être sensible à ces avances, lui répondit avec tant de dureté, que le Chevalier de Tourville crut que son honneur exigeoit qu'il lui en demandât satisfaction : ils allerent vers la plaine de Grenelle. Quelques-uns de leurs camarades, qui les avoient vus sortir, se douterent, à leur air, à leur maintien de ce qu'ils alloient faire : ils les ſuivirent & arriverent au moment où le Chevalier de Tourville venoit de déſarmer le Comte, lui rendoit ſon épée & lui propoſoit de recommencer le combat. Ils les ſéparerent & les ramenerent à l'Académie. M. de Renocour fut informé de ce qui s'étoit paſſé entre le Comte de Malet & le Chevalier de Tourville, ſans cependant en ſavoir la cauſe. Il les engagea à ſe raccommoder, au moins à le feindre. Mademoiſelle de Renocour, craignant que cette aventure ne portât quelqu'atteinte à ſa réputation, demanda à ſes parens la permiſſion de ſe retirer dans un Couvent, & l'obtint.

L'avantage que le Chevalier de Tourville avoit eu ſur le Comte de Malet, lui fit beaucoup d'honneur parmi ſes camarades, parce que le Comte passoit pour un de ceux qui manioient le mieux l'épée. Le Chevalier n'en tira aucune vanité & conserva toujours cette douceur & cette prévenance qui étoient naturelles en lui.

Il sortit de chez M. de Renocour en 1659, après y avoir passé trois ans; pria M. de la Rochefoucault d'employer son crédit pour lui faire obtenir quelque place dans un Régiment; mais la paix que Louis XIV avoit procurée à son Royaume, en épousant l'Infante d'Espagne, rendoit les places d'Officier fort rares, parce qu'on avoit fait une réforme considérable. L'obstacle que le Chevalier de Tourville rencontroit à satisfaire son inclination pour le service, lui causa un chagrin très-vif. Il se voyoit réduit à la triste nécessité de rejoindre sa famille & de passer sa jeunesse dans l'oisiveté. Il étoit ſur le point de partir, lorſqu'il apprit que le Chevalier de Hocquincour, fils du Maréchal de ce nom, faiſoit conſtruire à Marſeille une frégate de 36 canons pour aller en courſe contre les Turcs. Il pria M. de la Rochefoucault d'engager le Chevalier de Hocquincour à conſentir qu'il allât avec lui faire ſes caravanes. M. de la Rochefoucault fit au Chevalier de Hocquincour un portrait ſi avantageux de ſon parent, qu'il lui inſpira le deſir de le voir: M. de la Rochefoucault le conduiſit chez lui quelques jours après. Le Chevalier de Hocquincour fut frappé de la beauté & de l'air délicat du Chevalier de Tourville. Il tira M. de la Rochefoucault à l'écart, lui demanda s'il avoit envie de ſe défaire de ce jeune parent, ou s'il vouloit ſe faire des affaires avec les Dames; ajouta qu'il étoit plus propre à les servir, qu'à résister aux fatigues de la mer. » Je vois, lui répondit M. de la Rochefoucault, » que son air délicat vous prévient contre lui; mais je puis vous assurer que » ce sera un des plus vigoureux & des » plus hardis de ceux que vous vous » proposez d'emmener avec vous. M. » de Renocour, chez qui il a appris ses » exercices, le regardoit comme le » plus courageux & le plus adroit de » tous ses éleves. Il disoit même qu'il faisoit honneur à son Académie. Enfin » j'espere que l'expérience vous prouvera la vérité de ce que je vous dis ».

Le Chevalier de Hocquincour, persuadé que l'amitié de M. de la Rochefoucault pour son parent lui dictoit ce langage, craignoit de se charger d'un jeune homme qui ne serviroit qu'à l'embarrasser. Il s'avança vers lui, dit:

» Je viens de représenter à M. de la Ro» chefoucault que vous êtes trop dé» licat pour faire un métier aussi péni» ble que celui d'un Corsaire du Le» vant ». Il fit ensuite le tableau de toutes les fatigues qu'il lui faudroit essuyer & de tous les dangers auxquels il seroit exposé.

Ce tableau, qui pouvoit être un peu exagéré, ne rebuta point le Chevalier de Tourville. Il répondit que tout ce qu'on lui annonçoit ne l'étonnoit point; que les peines & les fatigues l'accoutumeroient & l'endurciroient au travail; que les périls n'avoient rien d'effrayant pour lui. Le Chevalier de Hocquincour content de ses réponses & de son air décidé, lui dit de se tenir prêt à partir dans huit jours.

Le Chevalier de Tourville, qui avoit plus de goût pour le service de mer que pour celui de terre, fut au comble de ses vœux : il se hâta de faire ses préparatifs & se rendit chez le Chevalier de Hocquincour au tems marqué. De tous les Volontaires que celui-ci emmenoit avec lui, le Chevalier de Tourville étoit celui qu'il connoissoit le moins : il l'observoit avec attention & découvroit tous les jours en lui de nouvelles qualités. Il remarqua qu'il avoit une prudence & une fermeté au-dessus de son âge, & le trouva de beaucoup supérieur à tous ses camarades. Le Chevalier n'avoit alors que 18 ans.

Voilà quels furent les commencemens d'un homme que le mérite a élevé aux premieres dignités, & qui a fait honneur à la Marine Françoise. Lorsque le Chevalier de Hocquincour fut arrivé à Marseille, son premier soin fut d'aller visiter sa frégate : elle avoit déjà été lancée à la mer & étoit prête à mettre à la voile. Il ordonna qu'on y mît toutes les munitions qui lui étoient nécessaires. Pendant qu'on étoit occupé à les acheter & à les embarquer, les jeunes Volontaires du Chevalier de Hocquincour cherchoient à s'amuser. Le Chevalier de Tourville n'alloit presque jamais à terre : il s'occupoit continuellement à la manœuvre, prioit les plus anciens Matelots de l'instruire sur ce qui regardoit la marine ; faisoit ce qu'ils lui enseignoient avec autant, même plus d'adresse qu'eux.

Le Chevalier de Hocquincour, qui avoit de l'expérience, sentit que son zèle pourroit exciter la jalousie de ses camarades, & l'engagea à venir plus souvent à terre. Il y trouva beaucoup de femmes très-aimables, qui, frappées de sa beauté, lui firent plusieurs agaceries : mais il n'étoit occupé que de son état & de son avancement, & ne leur répondoit qu'autant que la politesse l'exigeoit. Il vit, avec plaisir partir la frégate, qui, ayant un vent favorable, arriva en moins de quatre jours à Malthe. Le Chevalier de Hocquincour s'y arrêta pour rendre ses devoirs au Grand-Maître & prendre la Banniere de l'Ordre. Le Grand-Maître, qui se nommoit Gessant de Clermont & étoit de la Province de Dauphiné, le reçut avec accueil, donna des marques de bonté à tous ses Volontaires, loua beaucoup leur zèle.

Tous les Chevaliers s'empressoient à l'envi de marquer de l'estime & de la considération au Chevalier de Hocquincour : plusieurs le prierent de les recevoir dans sa frégate : il en reçut six, espérant qu'ils apprendroient à ses

Volontaires la maniere de combattre contre les Turcs, & leur donneroient l'exemple du courage.

L'empressement que les Chevaliers de Malthe marquoient pour accompagner celui de Hocquincour dans ses courses, lui causoit beaucoup de satisfaction; mais l'offre que lui fit un vieux Corsaire du Levant, nommé Cruvilier, d'être son matelot, lui en fit encore davantage. Cruvilier avoit une frégate de 24 piéces de canon prête à mettre à la voile. Il passoit pour un très-habile Marin & pour un homme fort courageux. Tous les jours que le Chevalier de Hocquincour passa à Malthe avec ses Volontaires, furent marqués par des fêtes & des repas, où on se livroit un peu à l'excès (*). Le

(*) Ibid.

Chevalier de Tourville ſeul s'y refuſoit & n'alloit jamais au-delà des bornes que preſcrit la décence : il trouvoit même ſouvent des prétextes pour n'être pas de ces repas. Sa plus grande occupation étoit de s'inſtruire des devoirs des Chevaliers & de faire ſa cour au Grand-Maître qui le recevoit toujours avec accueil. Ce Prince fut prévenu en ſa faveur dès la premiere fois qu'il le vit, & ſa conduite dans l'île augmenta l'affection qu'il avoit conçue pour lui. Il dit à pluſieurs Chevaliers que ce jeune homme joueroit un jour un grand rôle dans le monde, ſi la fortune ſecondoit ſon mérite.

Le Corſaire Cruvilier, ayant appris par des bâtimens venus du Levant, qu'il y avoit dans l'Archipel deux vaiſſeaux de Tripoli & qu'ils y faiſoient de grands ravages, en donna avis au

Chevalier de Hocquincour : ils formerent le projet d'aller les chercher. Les Chevaliers & les Volontaires instruits de la résolution de leurs Capitaines, se rendirent à bord. Les préparatifs du départ furent bientôt faits; les deux vaisseaux mirent à la voile. Les Chevaliers qui s'étoient embarqués avec le Chevalier de Hocquincour, persuadés que le jeune de Tourville étoit aussi délicat que sa figure sembloit l'annoncer, croyoient qu'il ne pourroit jamais supporter les fatigues de la mer : ils rioient même de le voir se tenir aussi proprement ajusté que s'il eût été à terre. Il ne faisoit aucune attention à leurs propos, ne s'occupoit qu'à consulter & examiner le pilote & les matelots. Alors le vent fraîchit un peu & devint ensuite forcé; on crut qu'il falloit *deferler* (*) les voiles, principalement celles de Perroquet. Le Chevalier de Tourville demanda à un des vieux Chevaliers de Malthe, qu'il avoit entendu plaiſanter ſur ſon compte, s'il vouloit parier qu'il monteroit au moins auſſi vîte que lui au haut du grand mât de Perroquet. Le Chevalier de Malthe lui répondit : « Je ſuis trop de vos » amis pour vouloir vous faire caſſer » le cou ſur le tillac, ou vous voir tom» ber à la mer ». Un moment après le Pilote cria qu'il falloit amener la voile du grand Perroquet ; le Chevalier ſe tourna vers le jeune de Tourville, lui dit : « Il eſt tems de vous » ſignaler, allez aider à plier cette » voile ». Le jeune de Tourville lui

(*) Ferler, c'eſt plier les voiles ſous l'antenne, les mettre en fagot. Deferler eſt le contraire.

répondit: « Tout vieux Marin que vous » êtes, je vous défie de me ſuivre ». Auſſi-tôt il s'élança ſur un des hauts-bancs qui étoit près de lui; monta au haut du grand mât de Perroquet avec tant d'agilité, qu'il y arriva auſſi-tôt que les matelots qui étoient partis avant lui, & fit la manœuvre avec autant d'aiſance & d'adreſſe que s'il eût fait ce métier toute ſa vie. Tous les Volontaires en furent ſurpris, & les anciens Chevaliers de Malthe furent frappés d'étonnement. Ils ceſſerent de plaiſanter, & depuis ce moment, il manœuvra comme un ſimple matelot, même dans les choſes les plus difficiles.

Le Chevalier de Hocquincour, voyant qu'il ne rencontroit point les vaiſſeaux Tripolitains, réſolut d'aborder à l'île de Zante pour en avoir des nouvelles. On lui dit qu'on les avoit vus depuis deux jours vers les îles Starivalli, qu'un d'eux portoit Pavillon Amiral, étoit de 42 pieces de canon, que sa conserve étoit de 34, enfin que ces deux vaisseaux étoient très-bons & beaucoup plus forts que les Malthois. Sur cet avis le Chevalier de Hocquincour dirigea sa course vers l'île de Sapienza, alla ensuite à celles de Carrera & de Venetica, où les Corsaires Turcs ont coutume de se tenir en embuscade pour attendre les bâtimens qui sortent du golfe de Venise : mais il n'y en trouva aucun, & remit à la voile. Il commençoit à craindre que sa course ne fût infructueuse, lorsque le vaisseau de Cruvilier, qui faisoit l'avant-garde, donna le signal qu'il voyoit deux vaisseaux, & se mit en panne pour attendre celui

celui du Chevalier de Hocquincour, qui n'étoit pas ſi bon voilier que le ſien.

Chacun ſe mit à ſon poſte; on ſerra une partie des voiles; on attendit les deux vaiſſeaux, qu'on reconnut être des Turcs. Ils avançoient à pleines voiles, ſe regardant comme ſûrs de la victoire & craignant qu'elle ne leur échappât.

Alors le Chevalier de Hocquincour obſerva la contenance de Tourville; il vit qu'il conſervoit ſon ſang-froid ordinaire, ce qui l'étonna beaucoup de la part d'un jeune homme qui n'avoit jamais vu de combat ni ſur terre ni ſur mer, & lui donna une grande idée de ſon courage. Il le plaça avec ſix Volontaires & deux Chevaliers à la *Belle* (*), qui eſt le poſte le plus

(*) C'eſt la partie du pont d'en haut,

dangereux, & où il y a aussi le plus d'honneur à acquérir, parce que les Turcs, mettant sur leurs vaisseaux un plus grand nombre d'hommes que les Chrétiens, cherchent toujours à venir à l'abordage. Lorsqu'on fut à la portée du canon, on reconnut que c'étoient deux vaisseaux Algériens, non les deux Tripolitains qu'on avoit annoncé être dans ces parages, mais aussi grands & aussi forts.

Si-tôt que les deux vaisseaux Algériens furent à la distance de deux cables, ils lâcherent leur bordée sur les Malthois, mais ne leur causerent

---

qui regne entre les haubans de Misaine & les haubans d'Artimon. Cet endroit du pont est presque à découvert par les flancs, parce que son platbord est moins élevé que le reste. C'est aussi par la Belle qu'on vient ordinairement à l'abordage.

pas une grande perte. Le Chevalier de Hocquincour ne leur lâcha pas la sienne, parce qu'il vouloit les laisser approcher plus près. Lorsqu'il fut vergue à vergue, il fit aller le canon & la mousqueterie, ce qui causa une perte considérable dans les vaisseaux ennemis, parce qu'il n'y eut pas un coup qui ne portât. Les Algériens voulurent se larguer pour se remettre; mais on ne leur en donna pas le tems; le Chevalier de Hocquincour revira de bord, arriva sur le vaisseau auquel il avoit affaire, lui lâcha son autre bordée, qui fit, pour le moins, autant de ravage que la premiere. Les Volontaires faisoient un feu continuel avec leur mousqueterie & tuoient tous les Turcs qui montoient sur les haubans pour jetter des grenades ou des lances à feu dans le vaisseau des Chrétiens.

Le Corsaire Cruvilier faisoit de son côté des prodiges de valeur & maltraitoit beaucoup le vaisseau auquel il avoit affaire. Les Algériens, voyant que les Chrétiens leur détruisoient une quantité prodigieuse de monde par le feu de leur artillerie & de leur mousqueterie, résolurent d'en venir à l'abordage & de jetter les grapins : ils furent repoussés trois fois avec perte, & réussirent enfin à monter sur le vaisseau du Chevalier de Hocquincour : alors le combat devint furieux. Tous les Volontaires donnerent des marques de valeur ; mais le Chevalier de Tourville les surpassa : il renversa tous les Turcs qui se présenterent pour le combattre, & fut dans un instant environné de corps morts. Tous ceux qui s'étoient élancés sur le pont furent ou tués ou jettés à la mer. Pendant ce tems les matelots couperent les amares & se servirent des (*) boute-hors pour déborder, & y réussirent. Les Turcs, qui ne s'attendoient pas à une pareille résistance, se disposoient à prendre la fuite: mais on vit tout-à-coup paroître deux autres vaisseaux Corsaires qui venoient du Cap de Matapa, proche duquel le combat se donnoit. C'étoient les deux Tripolitains que les Malthois cherchoient & que le bruit du canon avoit attirés.

D'autres que le Chevalier de Hocquincour & le Corsaire Cruvilier auroient été effrayés de se voir forcés de recommencer le combat avec des forces si inégales. Ces deux braves

(*) Ce sont de longues piéces de bois, qu'on met en saillie hors du vaisseau, pour empêcher l'abordage, détourner un brûlot ou autre bâtiment.

Capitaines inſpirerent leur confiance & leur courage aux Volontaires & aux matelots. Pluſieurs avoient été bleſſés, & le Chevalier de Tourville étoit de ce nombre : mais, trop bouillant pour faire attention à ſa bleſſure, il ne quitta pas ſon poſte.

Les Corſaires d'Alger, en voyant arriver ceux de Tripoli, firent éclater leur joie par de grands cris, & en faiſant une décharge de toute leur artillerie ſur les vaiſſeaux Chrétiens qui leur répondirent ſur le même ton, ce qui annonçoit qu'ils n'avoient perdu ni le courage ni les forces. Le plus grand des vaiſſeaux Algériens s'attacha à celui du Chevalier de Hocquincour ; lui lâcha une bordée qui cauſa quelque déſordre dans ſa manœuvre. Le Chevalier lui lâcha ſur le champ la ſienne. Le combat devint plus

terrible que n'avoit été le premier ; il dura plus de trois heures, sans que la victoire parût se déterminer. Enfin le Chevalier de Hocquincour, se voyant presque tout désemparé, & la moitié de son équipage étant hors de combat, par les blessures & la fatigue, résolut de vaincre, ou de périr. Il s'apperçut que le vaisseau Tripolitain qui l'avoit le plus pressé ne combattoit plus avec la même ardeur, & jugea qu'il avoit reçu quelque dommage considérable. Effectivement le Raïs ou Capitaine venoit d'être tué, & il ne restoit plus dans ce vaisseau qu'un seul Officier. Il dit à ses Volontaires : « Il faut signaler no-
» tre courage : allons à l'abordage &
» faisons voir à cette canaille que le
» nombre ne nous épouvante point.
» Voilà un de leurs vaisseaux qui, par
» sa manœuvre, semble annoncer qu'il

» va plier : allons à lui ». Auſſi-tôt on l'aborde, on l'accroche, on s'élance deſſus. Le Chevalier de Tourville, toujours guidé par ſon courage & ſecondé par ſa force, renverſe tout ce qu'il rencontre. Il eſt ſuivi par quelques-uns de ſes camarades & par une trentaine de matelots, que ſon exemple excite. Les Turcs effrayés n'oſent même réſiſter : ils ſe rendent.

Le Chevalier de Hocquincour étoit reſté ſur ſon bord & faiſoit un feu continuel ſur l'autre vaiſſeau Tripolitain, pour le forcer à garder le large & l'empêcher d'aller au ſecours de ſon camarade : malgré ces ſoins il avoit remarqué le Chevalier de Tourville qui faiſoit tout plier devant lui, & dit publiquement, après le combat, que la priſe du vaiſſeau Tripolitain étoit due à ſa valeur. Un des vaiſſeaux

Algériens prit la fuite, & l'autre Tripolitain l'imita lorsqu'il vit qu'on venoit à lui : on les laissa aller parce que le vaisseau du Chevalier de Hocquincour étoit en trop mauvais état pour les poursuivre. Il ne restoit qu'un vaisseau Algérien qui continuoit de combattre en désespéré contre Cruvilier : le Chevalier de Hocquincour avança sur lui, & on le coula à fond.

Les deux frégates n'ayant plus d'ennemis à combattre, joignirent la prise ; le Chevalier de Hocquincour trouva que de tous ceux qui y étoient entrés, il n'y en avoit que six de tués, mais que tous les autres étoient blessés. Le Chevalier de Tourville l'étoit en trois endroits, principalement au côté, où il avoit reçu un coup de pique, qui l'incommodoit beaucoup. On fut obligé de le panser sur ce bord, parce qu'on ne pouvoit le transporter (*). On fit nettoyer les trois vaisseaux, & on trouva dans la prise un homme qui étoit à fond de cale; on le prit & on l'amena au Chevalier de Hocquincour. C'étoit un François qui, ayant passé à Tripoli, avoit changé de Religion & s'étoit mis avec les Corsaires. Le Chevalier lui fit plusieurs questions & finit par lui dire qu'il étoit surpris qu'un aussi grand nombre de Turcs n'eût pas fait plus de résistance contre un si petit « Dites plutôt contre un » seul, lui répondit le Renégat; » car il n'y a qu'un grand jeune-homme beau comme un ange, qui a » fait tout ce carnage. Sa valeur & » sa force sont si grandes, qu'il n'est

(*) Ibid.

» pas surprenant qu'on n'ait pu lui » résister : il faut que ce soit un Dieu, » ou un Diable, pour avoir pu faire » ce qu'il a fait ». Le Chevalier de Hocquincour comprit qu'il vouloit parler du Chevalier de Tourville. Il avoit vu lui-même une partie de ce qu'il lui disoit. Le Chevalier de Tourville n'avoit alors que dix-neuf ans, c'étoit en 1661. Celui de Hocquincour proposa au prisonnier de reprendre la Religion Chrétienne & d'entrer dans son équipage, lui assurant qu'il le traiteroit en esclave, s'il refusoit de suivre ce parti. Le Renégat ne balança pas à l'accepter : il fut par la suite d'une très-grande utilité au Chevalier de Hocquincour ; c'étoit un bon pilote.

On résolut d'aller à l'île de Siffanto pour radouber les vaisseaux &

panser les blessés. On lui donna la préférence sur les autres, parce que c'est une des plus agréables de tout l'Archipel, que l'air y est fort sain, qu'elle abonde en fruits & en gibier, & principalement encore, parce qu'il y avoit un Athénien, nommé le Signor Jany, qui y exerçoit la médecine & avoit aquis une grande réputation pour les blessures. Tous les vaisseaux qui se trouvoient dans le cas de se battre sur ces parages, avoient recours à lui pour leurs blessés, ce qui lui avoit attiré l'amitié des Turcs & des Chrétiens. Cruvilier, qui le connoissoit, engagea le Chevalier de Hocquincour à se rendre promptement à l'île qu'il habitoit, à cause de ses blessés, & principalement du Chevalier de Tourville que les Chirurgiens des vaisseaux croyoient être dans un danger très-pressant.

On arriva en peu de tems à Siffanto : le Signor Jany, qui avoit sa maison sur le port, voyant arriver des vaisseaux fort mal-traités dans leurs manœuvres, se douta qu'on avoit besoin de son ministere. Il se rendit sur le bord de la mer pour voir débarquer les blessés. Le premier qu'on porta à terre fut le Chevalier de Tourville. La maniere avec laquelle on le traitoit lui fit connoître que c'étoit un homme de marque : sa figure intéressante le prévint en sa faveur. Sitôt que Cruvilier apperçut le Signor Jany, il se hâta d'aller à lui, &, après les premiers complimens, il le pria de procurer une maison commode au Chevalier de Tourville. Le Signor Jany lui répondit qu'il n'en connoissoit point de plus commode que la ſienne, & qu'il l'y recevroit avec plaiſir. C'étoit une très-grande preuve de la conſidération qu'il avoit pour Cruvilier. Les ſervices que le Signor Jany rendoit à tout le pays étoient cauſe qu'on lui avoit accordé le privilége de ne loger perſonne, quoique ſa maiſon fût la plus belle & la plus commode de toute l'île. On y porta ſur le champ le Chevalier de Tourville. Les deux Capitaines ne laiſſoient paſſer aucun jour ſans lui rendre viſite. Les éloges que les Volontaires & les matelots faiſoient de ſon courage & de ſes actions donnerent à tous ceux de l'île l'envie de le voir. La nouvelle du combat ſe répandit dans toutes les îles de l'Archipel, qui ne ſont pas éloignées les unes des autres, & la plûpart de ceux qui les habitoient ſe rendirent à Siſſanto;

attirés par la curiosité de voir le jeune Héros dont on publioit tant de merveilles. Le Signor Jany ne revenoit point de son étonnement : il ne pouvoit se persuader qu'il se trouvât tant de courage & de force dans un jeune homme qui paroissoit si délicat. Il étoit en même-tems charmé de la douceur de sa conversation, & ne le quittoit que pour vaquer aux affaires les plus pressantes.

Le Chevalier de Tourville connut par ses conversations qu'il avoit une fille à-peu-près dans l'âge de puberté. Il étoit étonné qu'ayant autant de complaisance, même de bonté pour lui, il ne la lui eût pas fait voir; ne l'eût pas même engagée à lui tenir quelquefois compagnie. Il se persuada qu'elle étoit très-belle, & que son pere craignoit de l'exposer, &

conçut un violent desir de la voir : mais il ne savoit à qui s'adresser. De tous les domestiques & esclaves du Signor Jany, il n'y avoit qu'une Maure qui eût la permission d'entrer dans sa chambre ; ce n'étoit même que pour lui apporter des fleurs & des fruits. Il avoit ses gens qui le servoient avec le plus grand soin.

Cette Maure ne savoit que la langue de son pays & un peu de Grec vulgaire. Le Chevalier de Tourville n'entendoit point ces deux langues. La Maure, en lui offrant ses présens, lui faisoit des signes, balbutioit quelques mots ; mais il ne comprenoit rien à ce qu'elle vouloit lui faire entendre, & ses signes, qui avoient plus l'air de grimaces que d'autres choses, ne servoient qu'à le faire rire. Il remarqua cependant que les fleurs étoient artiſtement arrangées dans de très-jolies corbeilles, & crut que ce n'étoit pas l'ouvrage de la Maure qui lui paroiſſoit fort groſſiere & mal-adroite. Il remarqua encore qu'on ne lui apportoit ces préſens que quand le Signor Jany n'étoit pas dans ſa chambre. D'ailleurs il ne pouvoit croire qu'un Médecin s'amuſât à ces bagatelles. Enfin, après avoir long-tems réfléchi, il ſentit que ces galanteries ne pouvoient venir que de la part de la fille du Signor Jany, & que les ſignes ou grimaces de la Maure exprimoient des complimens de la part de la jeune Demoiſelle. Cette idée augmenta le deſir qu'il avoit de la voir, & l'oiſiveté, où il étoit forcé de reſter, lui laiſſoit le tems de donner carriere à ſon imagination. Il étoit hors de danger, commençoit même à entrer en convalescence, & les visites qu'il avoit coutume de recevoir devenoient plus rares : il passoit des jours entiers sans voir d'autre personne que le Signor Jany, encore ce n'étoit que dans les momens qu'il pouvoit dérober à ses affaires.

Le Chevalier de Tourville lui savoit mauvais gré de ne pas souffrir que sa fille le remplaçât quelquefois : il en étoit d'autant plus affligé qu'il se doutoit que sa beauté causoit les scrupules du pere. Ses soupçons étoient d'autant mieux fondés, que la fille du Signor Jany étoit la plus belle & la plus aimable qu'il y eût alors dans toute la Grece ; que son pere ne vouloit pas l'exposer au danger de voir un homme aussi aimable que le Chevalier de Tourville : il se repentoit même de l'avoir logé chez lui & en craignoit les ſuites pour ſa fille.

Cependant la Maure continuoit à porter ſes préſens & prenoit toujours le tems que le Signor Jany étoit allé viſiter les bleſſés. Le Chevalier, perſuadé de ce qu'il n'avoit fait que ſoupçonner, fit plus d'attention aux ſignes de la Maure & s'apperçut un jour qu'elle vouloit lui faire entendre qu'il y avoit quelqu'un à la porte. Il y jetta ſes regards, apperçut effectivement une femme au travers de la portiere, qui étoit d'un taffetas fort clair, ſelon l'uſage de ce pays : il la pria d'entrer : mais elle diſparut à l'inſtant.

Si le Chevalier de Tourville avoit un deſir violent de voir la belle Andronique, c'étoit le nom de la fille du Signor Jany, elle en avoit, à ſon égard, un ſemblable. Juſque-là elle n'avoit vu que des Corſaires, des hommes groſſiers, plus propres à inſpirer du dégoût à une jeune fille aimable, qu'à lui cauſer de l'amour. Lorſqu'elle apprit que ſon pere avoit reçu dans ſa maiſon un Corſaire, elle en fut alarmée; lui demanda s'il avoit réfléchi à ce qu'il faiſoit & au danger auquel il l'expoſoit. Le pere, charmé de la voir dans cette inquiétude lui répondit : « Je loge chez moi un » Corſaire, mais il n'eſt pas fait com» me les autres, & je craindrois au» tant que vous le viſſiez que s'il » vous voyoit ». Ce langage lui parut ſingulier & lui donna envie de ſavoir quelle figure avoit ce Corſaire. Elle chargea la Maure, dont nous avons parlé, d'entrer dans ſa chambre, d'examiner ſa figure & de lui en faire le portrait. La Maure, pour exécuter ſa commiſſion, prit le tems que le Signor Jany étoit ſorti. Elle examina le Chevalier de Tourville avec attention, retourna ſur le champ dire à ſa maitreſſe, que celui qu'elle appelloit un Corſaire ne pouvoit être qu'une femme ſous l'habit d'un homme, qu'elle n'en avoit jamais vu de ſi beau.

Cette réponſe augmenta le deſir qu'Andronique avoit de voir le Corſaire: elle ſe perſuada que c'étoit la femme, ou la maitreſſe d'un des deux Capitaines Corſaires, & que ſon pere ne lui avoit témoigné de l'inquiétude à ſon ſujet que pour mieux cacher ſon ſexe. Elle ne pouvoit cependant comprendre comment une femme avoit été bleſſée de la maniere qu'on le diſoit, à moins que ce ne fût une héroïne. Elle n'oſoit demander à ſon pere un éclairciſſement ſur ſes ſoupçons, craignant que ſa curioſité ne lui déplût : mais les empreſſemens de ſon pere pour ce Corſaire achevoient de lui perſuader que la Maure ne s'étoit point trompée. Incertaine cependant ſur ce qu'elle devoit croire, elle voulut juger par elle-même s'il avoit l'air d'une femme ou d'un homme, & s'il étoit auſſi beau qu'on le lui avoit annoncé. Ce dernier article piquoit plus ſa curioſité que le premier. Pour la ſatisfaire, elle lui envoya des fleurs par la Maure, la chargea en même-tems de laiſſer la porte de la chambre du Corſaire entr'ouverte, afin qu'elle pût l'examiner au travers de la portiere pendant qu'il prendroit les fleurs, eſpérant qu'il ne la verroit pas ; à moins qu'il ne fût averti de ce qui ſe paſſoit.

Elle fut frappée de la régularité de ses traits, de la blancheur de sa peau & de la couleur de ses cheveux, qualités fort rares en Grece, même parmi les femmes, qui ont ordinairement les cheveux bruns & la peau un peu jaune. Le son de sa voix qui étoit agréable, le ton doux & honnête qu'il avoit avec la Maure, acheverent de lui persuader que c'étoit une femme. Ses blessures & le sang qu'il avoit répandu lui avoient ôté l'éclat de son teint : mais elle lui trouva une douce langueur qui excite cette commisération qui est bien près de la tendresse. La jeune Andronique goûtoit un secret plaisir à contempler ce beau Corsaire. Ses yeux faisoient insensiblement passer dans son cœur le poison de l'amour : elle desiroit plutôt voir en lui un homme qu'une femme. Ses idées, ses desirs se succédoient avec rapidité; elle étoit dans une espece de délire, & vit, avec dépit, la Maure qui se disposoit à se retirer. Elle ne manquoit pas de l'envoyer tous les matins porter des fleurs au Corsaire; d'aller se placer derriere la portiere; en attendoit même le moment avec impatience.

(*) Lorsque la Maure la trahit & que le Chevalier la pria d'entrer, elle se fit violence pour s'enfuir; se reprochoit à elle-même son scrupule; desiroit de rencontrer une autre occasion & se promettoit d'en profiter. Elle se détermina même à la faire naître, & mit dans un bouquet de fleurs un billet écrit en langue italienne, qu'elle n'ignoroit pas qu'il

(*) Ibid.

ſavoit, parce que ſon pere lui avoit dit qu'ils en faiſoient uſage pour converſer enſemble. Voici à-peu-près ce que ſignifioit le billet d'Andronique.

Dans tous les pays, la bienſéance ne permet pas à une jeune fille d'entrer dans la chambre d'un jeune homme, & on lui en fait un grand crime dans celui-ci. Je dois donc me contenter du plaiſir de vous voir : on me blâmeroit même ſi on ſavoit que je prends cette liberté. Je conviens cependant qu'elle n'eſt pas tout-à-fait hors des régles du devoir, & les filles ſeroient bien malheureuſes ſi elles étoient contraintes de s'interdire juſqu'aux regards : elles en font aſſez en évitant qu'on les voye. Les hommes ont fait les régles & nous y ont condamnées. Leur caprice ſeul les a guidés, & ce ſeroit trop tard que leur raison voudroit aujourd'hui condamner leur caprice. Ainsi les choses resteront comme elles sont. Les femmes en souffrent, & les hommes encore davantage.

ANDRONICA.

Le Chevalier apperçut ce billet, en portant le bouquet à son nez. Il le prit avec avidité, le lut, & fit cette réponse sur ses tablettes. Elle étoit en italien : il savoit cette langue, comme on l'a vu.

Dans l'état où je suis, belle Andronique, vous ne devez rien craindre de ma part. Il n'y a aucun hazard à courir pour la fille du monde la plus délicate. Elle pourroit entrer dans ma chambre, sans blesser les régles de la plus austere bienséance : on ne pourroit l'attribuer qu'à la pitié. Je ne puis inspirer d'au-

tres ſentimens : il ſuffiroit de me voir pour en être perſuadé. D'ailleurs vous êtes chez vous, qui viendra voir ce que vous faites? Perſonne ne pourra le ſavoir que par vous-même. Accordez-moi, je vous en conjure, cette grace : elle eſt ſans conſéquence ; & ici comme ailleurs, un Chevalier bien né, qui ſait le reſpect qu'on doit aux femmes, ne leur fait jamais tort.

Le Chevalier DE TOURVILLE.

Il avoit fait uſage de ſes tablettes, parce qu'il n'avoit point de papier, & comptoit les remettre le lendemain à la Maure, lorſqu'elle viendroit lui apporter des fleurs ; mais à peine avoit-il fini d'écrire, qu'il la vit entrer. Andronique l'avoit ſuivie lorſqu'elle avoit porté le bouquet dans lequel étoit le billet, pour voir au travers de la portiere s'il le découvriroit. Elle avoit vu qu'il le prenoit, le lisoit, qu'ensuite il tiroit un petit livre de sa poche, sur lequel il écrivoit. Se doutant que c'étoit une réponse, elle se hâta de lui renvoyer sa confidente, espérant qu'il la lui donneroit; ce qu'il fit. Si-tôt qu'Andronique reçut ces tablettes, elle les ouvrit, trouva la réponse qu'on vient de voir, la lut & relut plusieurs fois.

Elle se trouva embarrassée sur la conduite qu'elle devoit tenir. D'un côte elle desiroit de voir une personne qui lui sembloit si extraordinaire & dont elle ignoroit le sexe; d'un autre, elle craignoit de paroître trop facile & de donner une mauvaise idée d'elle. Enfin elle se détermina, lui fit connoître, par ce billet, son intention & le motif qui la guidoit.

Je ſuis perſuadée que ma vertu ne ſera nullement expoſée avec vous : mais tout le monde ne vous connoît pas ſi bien que moi, & les régles de la bienſéance ſont autant pour le monde que pour ſoi.

Je ſuis ſenſible à vos maux, & je voudrois adoucir votre ſolitude. Je deſire de vous voir, de vous entendre : je ſais que vous n'êtes point à craindre pour moi, que je pourrai vous aimer ſans danger & me faire un plaiſir de l'être de vous ſans ſcrupule : mais cela ne ſerviroit qu'à m'affliger en vous voyant partir, pour ne plus vous revoir, peut-être de ma vie. Ne vaut-il pas mieux me priver d'une ſatisfaction qui me coûteroit fort cher par la ſuite? Je ne vous réponds cependant pas que je n'y ſuccombe.

N'en jugez pas plus mal de ma vertu ; elle est à l'épreuve d'un homme comme vous, & je vous pardonne d'avance tout le mal que vous me ferez : il sera toujours moins grand que celui qu'on en pourroit dire, quand je ferois pour vous tout ce qu'une femme peut faire pour une autre.

ANDRONICA.

Ce billet fit connoître au Chevalier qu'il n'étoit pas indifférent à cette aimable fille, & lui causa une véritable satisfaction : mais il y trouvoit quelque chose de mystérieux qu'il ne comprit pas d'abord. En le relisant, il fit plus d'attention aux dernieres paroles, elles lui firent connoître que la jeune Grecque le prenoit pour une femme. Cette méprise lui fit beaucoup de plaisir ; il se persuada qu'elle lui procureroit de l'amusement tant qu'il resteroit dans l'île de Siffanto. Il se proposa de ne point la désabuser, dans l'idée qu'il devoit à son erreur toute la complaisance qu'elle avoit eue pour lui. Il lui fit cette réponse :

Je ne suis à craindre en aucune maniere, belle Andronique : vous l'êtes bien plus que moi. Je suis si charmé de votre esprit, que j'ai tout lieu de croire que quand je vous aurai vue, ce sera moi qui soupirerai, lorsque je ne vous verrai plus. Il n'y a point de bonheur qu'il ne faille payer très-cher ; il vous est cependant facile de faire le mien, & si mes maux vous font pitié, comme vous voulez me le faire entendre, vous ne me ferez pas languir après la grace que je vous demande. Votre vertu sera en sûreté, ce n'est point à elle que j'en veux : elle peut, sans scrupule, me faire place dans votre cœur, &, quand elle vous laisseroit avoir quelque tendresse pour moi, vous n'en seriez que plus aimable.

Le Chevalier DE TOURVILLE.

Ce billet acheva de déterminer la jeune Grecque à aller dans la chambre du Chevalier; elle résolut cependant de remettre sa visite au lendemain, afin de prendre les précautions nécessaires pour n'être pas surprise par son pere, & d'arranger ses ajustemens, de maniere qu'ils donnassent de l'éclat à sa beauté. Andronique prépare sa perte. Femmes qui lisez cette Histoire, vous blâmez cette jeune fille; mais vous en auriez, peut-être, fait autant qu'elle.

Le lendemain elle envoya la Maure annoncer sa visite. Lorsqu'Andronique parut, le Chevalier fut frappé d'étonnement. Ses yeux sembloient ne pas lui donner tout le plaisir qu'il leur demandoit. La nature avoit accordé toutes ses faveurs à cette jeune Grecque : elle avoit la taille fine, le port majestueux ; ses traits étoient réguliers, ses yeux étoient brillans, mais doux ; sa peau étoit très-blanche ; son teint avoit le plus grand éclat. La rougeur, qui se répandit sur son visage, annonça qu'elle se reprochoit à elle-même sa démarche. Elle dit au Chevalier qu'elle n'étoit point accoutumée à voir des hommes, qu'il suffisoit qu'ils en eussent l'apparence pour l'embarrasser. Le Chevalier lui répondit : « Un homme comme moi ne » doit causer aucun embarras à une » fille ; soyez persuadée que j'aurai » pour vous tout le respect qui vous

» est dû & la discrétion que l'hon-
» nêteté exige : je ne suis point Cor-
» saire auprès des femmes ; tout mon
» desir est de me faire autant aimer
» d'elles, que ma gloire demande que
» je me fasse craindre des hommes ».

Pendant qu'il parloit, elle l'examinoit avec attention, pour voir si elle ne s'étoit point trompée sur son sexe. Elle s'apperçut qu'il avoit un peu de barbe ; connut sa méprise, & n'en fut pas fâchée : son cœur sentoit les premiers traits de l'amour : elle contemploit le Chevalier & se disoit à elle-même qu'elle n'avoit rien vu de si beau. Le Chevalier, de son côté, étoit dans le ravissement : il payoit à l'amour tout le tribut que le cœur d'un jeune homme lui doit. Andronique, craignant d'être surprise par son pere, se retira ; mais elle lui promit de revenir le lendemain & lui tint parole. Elle goûtoit trop de plaisir à voir le Chevalier, à s'entretenir avec lui, pour manquer un seul jour à se le procurer. Elle fut surprise dans une de ses visites par le Chevalier de Hocquincour, & en fut fort affligée : elle eut peur qu'il ne le divulguât dans l'île ; & que son pere n'en fût instruit ; mais le Chevalier de Tourville calma ses inquiétudes, & lui assura que celui de Hocquincour étoit trop honnête pour chercher à faire de la peine à une aimable fille dont il n'avoit aucun sujet de se plaindre. Leurs entrevues continuerent : ils goûtoient avec tranquillité le plaisir réciproque de se voir ; mais il fut interrompu par la nouvelle du départ prochain des Chevaliers. Lorsque celui de Tourville l'annonça à sa chere Andronique, il vit son visage se couvrir de larmes, qu'elle cherchoit en vain à arrêter. Il tâcha de la consoler par l'espoir d'un prompt retour: mais elle lui dit qu'elle l'aimoit trop pour se résoudre à le laisser partir sans elle; qu'elle ne connoissoit d'autre bonheur que celui d'être avec lui, & d'autre malheur que celui d'en être séparée. D'un côté le Chevalier de Tourville étoit flatté de se voir si tendrement aimé par une personne qui lui étoit chere; d'un autre, il sentoit qu'il seroit horrible d'enlever une fille si aimable à un pere qui lui avoit rendu les plus grands services, même la vie. Il craignoit d'ailleurs qu'elle ne fût trop exposée dans un vaisseau, où il n'étoit que simple Volontaire. Il tâcha de lui faire goûter ces raisons & de la détourner du projet qu'elle avoit de le suivre; ce fut en vain ; une jeune fille qui aime pour la premiere fois, n'écoute que ſa paſſion, & ſacrifie tout au deſir de la ſatisfaire. Andronique ne répondoit aux raiſonnemens du Chevalier que par des ſoupirs & des ſanglots.

Cependant on hâtoit les préparatifs du départ, les vaiſſeaux étoient prêts; on ſongeoit à élire un Capitaine pour la priſe qu'on avoit faite. Tous les matelots nommoient le Chevalier de Tourville d'une voix unanime, & diſoient que perſonne ne méritoit plus que lui de l'être. Le Chevalier de Hocquincour & Cruvilier ſentoient que la juſtice demandoit qu'on ſuivît leur avis; mais ils diſoient qu'il ne ſervoit que depuis trois mois, & n'avoit pas acquis l'expérience néceſſaire pour commander un navire; que d'ailleurs ce ſeroit faire un passe-droit aux anciens Chevaliers de Malthe, & nommément à d'Artigny qui étoit sur le même bord ; avoit commandé plusieurs vaisseaux, & ne s'étoit embarqué avec le Chevalier de Hocquincour, que dans l'espoir de monter la premiere prise que l'on feroit. On le nomma donc Capitaine, & on donna au Chevalier de Tourville la place de Lieutenant. Le Chevalier de Hocquincour chargea Cruvilier de lui en aller porter la nouvelle. M. de Tourville dit qu'il tâcheroit de se rendre digne de la grace qu'on lui faisoit; qu'il l'attribuoit plutôt à l'amitié du Chevalier de Hocquincour pour lui, qu'à ses services.

Tout étant ainsi disposé, on résolut d'aller à Zante, pour vendre les Turcs qu'on avoit fait prisonniers, & on avertit tout le monde de s'embarquer. Le Chevalier de Tourville, qui s'attendoit aux inſtances que ſa belle Grecque alloit lui faire pour l'engager à ſouffrir qu'elle le ſuivît, avoit envie de ne pas lui faire ſes adieux : mais il ſentit qu'il y auroit trop de cruauté à ſe ſéparer ſi bruſquement d'elle & ne pas la conſoler par la promeſſe d'un prompt retour. Il prit un moment favorable pour ſe rendre auprès d'elle; la trouva inſtruite de ſon départ & décidée à tout ſacrifier pour l'accompagner. Il lui préſenta encore les raiſons qui l'engageoient à s'oppoſer à ſon deſir, y en ajouta de nouvelles : ce fut en vain. La paſſion d'Andronique étoit au comble. La raiſon n'avoit plus d'empire ſur ſon eſprit. Le Chevalier de Tourville prit alors la réſolution de la tromper, &, quoi qu'il en coûtât à ſon cœur, de partir ſans elle. Il lui aſſura qu'il alloit demander la permiſſion au Capitaine de ſon vaiſſeau de l'emmener, & qu'eſpérant l'obtenir, il alloit tout diſpoſer dans le vaiſſeau pour la loger; lui dit que la chaloupe ſe trouveroit vers minuit ſur le port dans un endroit écarté, avec un homme de confiance, pour la paſſer ſur ſon bord avec ſa Maure & un valet de ſon pere, qui lui étoit néceſſaire pour faciliter ſa fuite.

Sur cette aſſurance, la douleur d'Andronique ſe changea en joie: elle ſe prépara à ſon départ. Le Chevalier alla voir le Signor Jany, le pria d'accepter, pour marque de ſa reconnoiſſance, une bague d'un aſſez grand prix. Ce reſpectable vieillard l'accompagna juſqu'à ſon bord & lui envoya, lorſqu'il fut de retour chez lui, des rafraîchiſſemens de toutes eſpeces. Ils furent d'autant plus agréables au Chevalier de Tourville, que M. de Hocquincour & tous les Volontaires ſe rendirent à ſon bord & lui demanderent à ſouper. Ils furent ſurpris de voir ſa table couverte de mets délicats, & qu'il leur préſentoit le vin le plus exquis. Le repas dura juſqu'à minuit, qu'ils ſe ſéparerent pour ſe préparer à partir: on avoit réſolu de mettre à la voile vers les deux heures du matin.

Le Chevalier de Hocquincour dit qu'il falloit que la priſe manœuvrât d'abord, pour aller en avant & ſervir d'amorce aux Corſaires Turcs: elle leva l'ancre, mit à la voile & partit: les deux autres vaiſſeaux la ſuivirent de près. Le Chevalier de

Tourville ſe ſentit accablé de triſteſſe, en s'éloignant de Siffanto. Il ſe rappelloit les momens où la belle Andronique jettoit ſur lui des regards tendres, où ſa bouche lui exprimoit les ſentimens de ſon cœur. Il ſe repréſentoit auſſi-tôt ſes yeux baignés de larmes; ſa bouche ne s'ouvrant que pour ſe plaindre de lui; l'accuſer de l'avoir trahie, de l'avoir abandonnée à ſa douleur, de l'avoir enfin livrée aux fureurs du déſeſpoir. Il étoit tourmenté par les regrets, & s'étonnoit lui-même de ſe voir ſi amoureux; il étoit plongé dans la rêverie la plus profonde, lorſque le Gabier (*) cria

(*) Le Gabier eſt un matelot qui fait le guet ſur la Hune, pendant ſon quart, pour voir s'il ne découvrira point quelque voile.

Voiles, Voiles. Ce cri le réveilla: il demanda : *Quelles voiles? Deux Turcs & un Chrétien*, répondit le Gabier. A l'inſtant tout l'équipage eſt en mouvement : on donne aux deux autres vaiſſeaux le ſignal dont on eſt convenu. Le deſir de la gloire prend dans le cœur du Chevalier de Tourville la place de l'amour. Pour gagner de l'avant & avoir le vent favorable, on amare toutes les baſſes voiles : les ennemis en ſont autant pour partager l'avantage du vent. C'étoient deux vaiſſeaux de Tunis qui avoient pris la veille un vaiſſeau marchand qu'ils avoient armé en guerre. Les Turcs, qui ne cherchoient qu'à faire des priſes, ſans courir de danger, ne ſe ſeroient point engagés au combat, ſi la priſe ne les eût trompés. Ils crurent que les vaiſſeaux Malthois étoient trois vaisseaux Turcs, comme le Chevalier de Hocquincour & Cruvilier l'avoient pensé; mais ils reconnurent leur erreur trop tard: le vent leur étoit contraire; ils ne pouvoient fuir, sans s'exposer beaucoup, & se virent obligés de combattre. (*) La prise des Malthois commença l'action: elle attaqua un vaisseau qui étoit, pour le moins, aussi fort de canon qu'elle, mais qui avoit quatre fois plus de monde. Les vaisseaux du Chevalier de Hocquincour & de Cruvilier suivirent son exemple, & en attaquerent chacun un. Celui que montoit le Chevalier de Tourville reçut une bordée de son ennemi; mais elle ne lui fit pas beaucoup de mal. Il lui répondit avec plus de succès. Les Turcs, voyant

(*) Ibid.

que l'artillerie des Chrétiens étoit mieux ſervie que la leur, voulurent aller à l'abordage: mais le Chevalier de Tourville les répouſſa: ſon courage excitoit tous ceux qui l'environnoient. Le Chevalier d'Artigny, de ſon côté, s'occupoit de la manœuvre & de l'artillerie : on faiſoit un feu continuel ſur les Turcs. Ils dirigeoient preſque tous leurs coups ſur le Chevalier de Tourville : mais la fortune, qui l'attendoit à de plus grands exploits, le couvroit de ſon bouclier. Dans le tems qu'il étoit au milieu des périls, il lui ſembla entendre la voix plaintive de ſa chere Andronique, qui lui demandoit du ſecours. Il crut que c'étoit l'effet de ſon imagination frappée; mais elle réveilla toute ſa tendreſſe & ſes regrets. La fureur ſe joignit à ſon courage: il combattoit comme un homme qui cherche la mort.

Après un combat terrible de part & d'autre, le Chevalier d'Artigny fut tué d'un coup de canon. Ce malheur ne déconcerta point le Chevalier de Tourville : quoiqu'il n'eût alors que dix-neuf ans, il trouva dans ſon génie & ſon courage les reſſources d'un homme conſommé. Il chargea les pilotes du ſoin de la manœuvre ; confia celui de l'artillerie à l'enſeigne ; ſe réſerva les coups de main, & exhorta tout le monde à s'acquitter de ſon devoir. Le combat recommença avec une ardeur incroyable : il ſembloit que chaque Chrétien vouloit venger la mort de ſon Capitaine. Le Chevalier de Tourville ſe voyoit au moment de triompher : mais ſa joie fut troublée ; on vint l'avertir que le vaiſſeau venoit d'être percé à l'eau, que la voye étoit ſi grande, que toutes les pompes ne pouvoient l'affranchir; qu'il falloit ſe rendre ou couler bas. Tout autre que lui eût, ſans doute, été abattu de ce coup terrible : mais une préſence d'eſprit & un courage incroyables furent ſa reſſource. Il s'écria: *Mes Camarades, puiſqu'il n'y a plus d'eſpoir pour nous ſur ce vaiſſeau, en voilà un contre lequel nous combattons ; il faut nous y ſauver, nous en rendre maîtres ou périr.* Alors tout l'équipage cria : *Abordons ;* auſſi-tôt on aborda. Les Turcs, qui ignoroient ce qui étoit arrivé au vaiſſeau Chrétien, ſe hâterent d'y paſſer, & furent bientôt engloutis dans les flots. Le Chevalier de Tourville s'élança ſur le leur, & fut ſuivi par tous ceux de ſon équipage que les bleſſures n'avoient pas mis hors d'état de marcher, &

dont le nombre étoit d'environ quatre-vingt. Excités de nouveau par l'exemple de leur Chef, ils firent des prodiges de valeur contre les Turcs, qui étoient reſtés dedans en plus grande quantité qu'eux, & ſe battoient en déſeſpérés, ſe ſervant pour retranchemens du château d'avant & des chambres, pendant que les Chrétiens combattoient à découvert.

Le Chevalier voyoit qu'une partie de ſes gens étoit bleſſée, que la fatigue empêchoit les forces des autres de ſeconder leur courage; il craignoit de ſuccomber : mais il entendoit un bruit conſidérable qui venoit de l'écoutille, qui eſt entre le mât de Miſaine & le grand-mât. Il jugea qu'il ne pouvoit venir que des eſclaves Chrétiens qu'on y avoit enfermés, & qui lui ſeroient d'un grand ſecours dans la conjonćture où il ſe trouvoit. Sur le champ il ordonna à quatre matelots, qui avoient des haches, de l'enfoncer; ce qu'ils firent promptement. Il en ſortit plus de cinquante hommes qui prirent les armes, ſe joignirent à ſa troupe. Alors le combat recommença avec un nouvel acharnement: à la fin les Turcs mirent les armes bas. Lorſque la victoire fut décidée, le Chevalier de Tourville marqua beaucoup de ſatisfaction aux eſclaves Chrétiens; fit paſſer dans la chambre du Capitaine deux femmes & un homme, qui paroiſſoient être des gens de marque.

Comme le combat n'avoit fini que dans la nuit, on ne voyoit plus les vaiſſeaux du Chevalier de Hocquincour & de Cruvilier: ils donnoient chaſſe aux deux autres vaiſſeaux Turcs qui avoient pris la fuite. Il n'étoit point en état de les ſuivre, parce que le vaiſſeau dont il venoit de ſe rendre maître, étoit déſemparé & fort endommagé; tout ſon équipage avoit beſoin de repos; le vent étoit devenu contraire & commençoit à fraîchir. Le Chevalier de Tourville fit aſſembler le Conſeil, pour ſavoir quel parti on devoit prendre. On réſolut de retourner à Siffanto pour faire radouber le vaiſſeau, y prendre des munitions & attendre des nouvelles des deux frégates.

Cette réſolution cauſa un ſecret plaiſir au Chevalier de Tourville : il eſpéroit qu'elle lui procureroit la ſatisfaction de revoir ſa chere Andronique. Lorſqu'il eut donné ſes ordres, il ſe fit panſer de deux légeres bleſſures qu'il avoit reçues dans le combat;

ſe rendit enſuite auprès des deux femmes & de l'homme, qu'il avoit laiſſés dans la chambre du Capitaine; ordonna qu'on ſervît à ſouper: comme on fut obligé de faire uſage des mets qui ſe trouverent dans le vaiſſeau, il dit aux Dames qu'il n'auroit pas cru donner ſur ſon bord un ſouper à la Turque à une compagnie ſi aimable. L'homme étoit de Provence: il conduiſoit ſa femme & ſa belle-ſœur à Smirne, où celle-ci devoit épouſer le Conſul de la Nation Françoiſe. Le Chevalier les pria de lui raconter comment ils étoient tombés entre les mains des Turcs. Une des femmes lui dit le ſujet de leur voyage; raconta la maniere dont leur vaiſſeau avoit été pris; lui peignit la joie que tous les eſclaves avoient reſſentie en voyant que celui où ils ſe trouvoient, étoit attaqué par des Chevaliers François; que la reconnoiſſance que ſa belle-ſœur, ſon mari & elle lui devoient étoit ſans bornes : elle ajouta qu'elles l'avoient reconnu pour un Chevalier de Malthe en regardant par les ſabords de la Sainte-Barbe où on les avoit enfermées; qu'elles avoient vu une femme dans un des vaiſſeaux Chrétiens, qui crioit par la chambre du Capitaine: *Mi Signor, Signor Cavaliero.*

Cette remarque cauſa une ſi grande ſurpriſe au Chevalier de Tourville, qu'il ceſſa tout-à-coup de manger. Une femme, s'écria-t-il, dans une de nos frégates, & qui crioit : *Mi Signor, Signor Cavaliero! Oui*, reprit celle qui avoit parlé, *les cris qu'elle pouſſoit, les ſignes qu'elle faiſoit, annonçoient ſa peine.* La profonde rêverie dans laquelle il tomba fit connoître que cette femme ne lui étoit point indifférente, que son cœur s'intéressoit même à elle, & tout le monde, à son exemple, garda le silence.

Le souper étant fini, le Chevalier ordonna de chercher le bagage des Dames & le leur fit apporter : on dressa deux lits dans la chambre du Capitaine pour les deux Dames, & il alla coucher dans celle du Conseil avec le mari. L'agitation où étoit son esprit ne lui permit pas de prendre le repos dont il avoit besoin. Il se rappelloit sans cesse la voix de sa chere Andronique; se persuadoit que cette femme qui se trouvoit dans une des frégates étoit elle-même, & que le Chevalier de Hocquincour l'avoit enlevée : puis il se disoit à lui-même, qu'un homme plein d'honneur comme ce Chevalier, n'étoit pas capable d'une pareille trahiſon, d'une pareille baſſeſſe; mais cette idée conſolante ſe détruiſoit, lorſqu'il réfléchiſſoit que l'amour ôte tout ſcrupule. Il brûloit d'impatience d'arriver à Siffanto pour approfondir ce myſtere. Lorſque le jour parut & qu'on apperçut l'Ile, il ſentit ſes craintes redoubler. On y arriva aſſez promptement, & dès qu'on eut jetté l'ancre, il fit mettre la chaloupe à la mer pour débarquer. Si-tôt qu'il fut à terre, il courut chez le Signor Jany, mais avec un ſaiſiſſement de crainte qui ſembloit lui annoncer ſes malheurs. Il trouva un nouveau domeſtique, qui lui dit que ſon Maître étoit très-malade. Cette nouvelle augmenta ſes craintes: il ſe hâta d'aller à ſa chambre. Lorſque le vieillard l'apperçut, il lui tendit la main, lui dit, d'une voix preſqu'éteinte:

« Ah, Seigneur, qu'avez-vous fait de » ma fille! je vous ai reçu chez moi, » vous ai traité comme mon propre » fils, vous l'avez enlevée, vous l'avez » déshonorée, & vous me donnez » le coup de la mort ». Ces larmes & les ſanglots l'empêcherent d'en dire davantage. Il eſt difficile de peindre la ſituation dans laquelle ſe trouva le Chevalier de Tourville. Un homme auquel il avoit les plus grandes obligations, lui reprochoit de lui avoir fait l'injure la plus outrageante, & ſembloit y être autoriſé par les circonſtances: la douleur de paroître coupable n'étoit point détruite par la ſatisfaction de ne pas l'être. Le chagrin qui accabloit ce reſpectable vieillard, excitoit ſa pitié : ſon cœur étoit enfin agité de pluſieurs ſentimens tout oppoſés. Il s'attacha à celui qui regardoit ſon honneur, & crut devoir ſe juſtifier. « Vous ne me rendez point » juſtice, dit-il au Signor Jany, en » me croyant capable de commettre » une action auſſi infâme que celle » dont vous m'accuſez. Je n'ai point » vu votre fille, j'ignore même ce » qu'elle eſt devenue. Si je connoiſ- » ſois celui qui lui a fait un pareil » affront, j'irois le chercher juſqu'au » bout du monde pour la venger ».

Le Chevalier avoit l'air ſi pénétré en prononçant ces mots, que le Signor Jany le crut innocent: mais la douleur de ce malheureux pere en devint plus vive : il ſe voyoit privé de l'eſpérance d'avoir au moins par lui des nouvelles de ſa fille. Il ſe livra tout entier au déſeſpoir. Le Chevalier n'étoit pas en état de lui donner de la conſolation; il en avoit beſoin lui-même. Ils exprimoient tous deux leur douleur d'une maniere bien différente ; le Signor Jany ſe livroit à tous les tranſports de la fureur, & le Chevalier de Tourville gardoit le ſilence de l'abattement & de la conſternation.

A la fureur du Signor ſuccéda le calme de l'épuiſement. Le Chevalier en profita, pour lui dire que ce qu'il avoit appris & ce qu'il voyoit, lui faiſoient croire que ſa fille ne pouvoit être que ſur le vaiſſeau du Chevalier de Hocquincour, mais qu'il ignoroit, ne comprenoit même pas comment elle y étoit ; que c'étoit ſans doute, par ſurpriſe, puiſque ce ne pouvoit être par violence. Il le pria de lui raconter comment il avoit découvert ſon évaſion. Le Signor Jany lui dit que s'étant levé plus matin qu'à ſon ordinaire, le jour du départ des vaiſſeaux il avoit, ſelon ſa coutume, appellé ſon domeſtique, enſuite la Maure; que ne les voyant point paroître, il étoit allé dans la chambre de ſa fille pour lui en demander des nouvelles, & ne l'avoit point trouvée; qu'il l'avoit cherchée dans toute la maiſon, mais inutilement; qu'un preſſentiment l'avoit conduit ſur le port; qu'après avoir fait toutes les perquiſitions qu'il croyoit néceſſaires, il avoit enfin appris par un batelier, qu'on avoit vu deux femmes & un homme s'embarquer vers minuit dans une chaloupe où il y avoit un matelot qui les attendoit; qu'à cette nouvelle accablante il s'étoit évanoui, qu'on l'avoit reporté chez lui, où il étoit reſté pendant deux heures entieres ſans connoiſſance, qu'il n'étoit revenu à la vie que pour sentir les plus vives douleurs.

Le Chevalier lui dit tout ce qu'il crut capable de les calmer, ajouta que le moyen d'avoir promptement des nouvelles de sa fille étoit de s'embarquer avec lui. Il lui promit de ne point le quitter qu'ils n'en eussent reçu, & qu'il n'eût puni celui qui l'avoit ou trahie ou enlevée. Le Signor Jany accepta la proposition avec joie, & pria le Chevalier de venir reprendre chez lui l'appartement qu'il y avoit occupé. Le Chevalier lui répondit qu'il ne pouvoit quitter des Dames qu'il avoit arrachées d'entre les mains des Turcs, & qui étoient sur son bord. Le Signor Jany l'engagea à les amener avec lui, disant que sa maison étoit assez grande pour les loger commodément. La vue des deux femmes renouvella d'abord la douleur de ce pere infortuné : mais elles contribuerent, par la suite, à la calmer : elles lui dirent qu'on ne pouvoit douter que ce ne fût sa fille qu'elles avoient vue sur le bord du Chevalier de Hocquincour. Il conçut l'espérance de la revoir bientôt, prit un peu de consolation : elle fut encore augmentée par le portrait que le Chevalier lui fit du caractere & de la probité de celui de Hocquincour.

Le Chevalier de Tourville fit tout ce qu'il crut nécessaire pour hâter son départ. Il fut obligé de se faire faire des hardes, parce qu'il avoit perdu toutes les siennes avec son vaisseau; mais il avoit trouvé beaucoup d'argent & de marchandises dans celui des Turcs. Au bout de dix jours il fut en état de mettre à la voile, résolut d'aller à Zante, espérant d'y trouver le Chevalier de Hocquincour, ou du moins d'y apprendre de ses nouvelles. Ils partirent & ne tarderent pas à y arriver. Le Signor Jany, trouva, en débarquant, un de ses anciens amis auquel il demanda des nouvelles des deux vaisseaux Malthois qui avoient dû aborder depuis peu à cette île. Son ami lui répondit qu'ils étoient partis depuis deux jours; qu'il y avoit un marchand qui s'étoit chargé de remettre une lettre au Chevalier de Tourville. Le Signor Jany se fit conduire chez le marchand qui alla avec lui présenter la lettre au Chevalier de Tourville. En voici à-peu-près le contenu :

« Vous aurez, sans doute, beau» coup de peine, mon cher Chevalier, » à me pardonner le tour que j'ai joué » à votre Maitresse : vous le regarderez

» comme une trahiſon ; mais une pa-
» reille conduite n'eſt point dans mon
» caractere. C'eſt ſa deſtinée ſeule qui
» l'a miſe entre mes mains, & j'au-
» rois cru être indigne de cette bonne
» fortune, ſi je l'avois refuſée. Je vous
» avoue ſincérement qu'il n'a pas
» tenu à moi que je n'en profitaſſe,
» ſans cependant employer l'horrible
» moyen de la violence. La plus belle
» femme ſera toujours en ſûreté avec
» moi, ſi je ne trouve en elle aucun
» eſpoir de retour.

» Votre Maitreſſe conſtante & fi-
» dele à vous aimer, n'a eu rien à
» craindre de moi dans ma chambre:
» je la lui ai cédée toute entiere, ſans
» l'interrompre depuis le premier jour
» qu'elle y eſt entrée. Il eſt vrai que
» j'eus d'abord auprès d'elle les empreſ-
» ſemens d'un Cavalier qui deſire d'être

» aimé; &, comme vous n'aviez pas » voulu vous charger d'elle, je lui of» fris, à votre refus, un serviteur qui » n'avoit pas tant de dureté que vous, » & qui seroit charmé de l'avoir sûr » son bord & de la traiter avec tout » le respect qui lui est dû. Mon langage » & mes protestations ne firent aucun » effet. Je revins plusieurs fois à la » charge, avec des soumissions capa» bles de toucher un cœur moins pré» venu que le sien. Voyant que tout » cela ne servoit qu'à l'irriter contre » moi, j'ai pris le parti de la laisser » tranquille.

» Nous sommes venus à Zante, espé» rant de vous y trouver, comme nous » en étions convenus, & de vous la » remettre: mais après y avoir séjourné » dix jours, sans avoir de vos nou» velles, nous avons cru qu'il étoit

» inutile de vous y attendre davan-
» tage. J'ai proposé à votre Maitresse
» de la remener à Siffanto, ce qu'elle
» a refusé, craignant sans doute le res-
» sentiment de son pere : elle m'a prié
» de la conduire à Malthe, où elle
» espere vous trouver plus sûrement
» qu'ailleurs.

» Elle est dans de grandes inquié-
» tudes sur votre compte, & craint
» que vous n'ayez péri avec votre
» vaisseau que nous avons vu couler
» à fond : mais le pavillon de Mal-
» the qui a en même-tems paru sur
» le vaisseau Turc contre lequel vous
» aviez affaire, nous fait espérer un
» meilleur sort de votre fortune &
» de votre valeur.

» Les deux vaisseaux Turcs nous
» ont échappé à la faveur de la nuit,
» &, par une fausse route qu'ils ont

» faite, nous n'en avons plus eu de » nouvelles. Vous êtes le plus heu» reux, puiſque vous avez vaincu vo» tre ennemi; cependant vous n'avez » pas beaucoup gagné, puiſque votre » vaiſſeau a péri & que vous n'avez » fait qu'un échange : mais il y a » toujours de la gloire à vaincre, & » il ſemble que vous n'êtes fait que » pour elle: vous en trouverez par» tout, & la victoire vous eſt auſſi » favorable que l'amour.

» Adieu, n'ayez rien ſur le cœur » contre moi, car le mien eſt tout à » vous ».

Le Chevalier DE HOCQUINCOUR.

Cette lettre cauſa beaucoup de conſolation au Chevalier de Tourville. Il n'en lut que certains endroits au Signor Jany, pour ne pas lui faire connoître sa passion pour sa fille & leurs mutuelles amours, de maniere que ce malheureux vieillard en fut assez content. Ils résolurent d'aller promptement à Malthe, pour trouver ou attendre le Chevalier de Hocquincour; y débarquer les deux Dames qui, de là, pourroient facilement passer à Smirne, & en même-tems, pour rendre compte au Grand-Maître des deux combats. Ils partirent & arriverent à Malthe en dix jours. Le Chevalier de Hocquincour n'étoit point encore arrivé: les Chevaliers de Malthe vinrent en foule en demander des nouvelles, & de leurs camarades qui s'étoient embarqués avec lui. M. de Tourville leur raconta ce qui s'étoit passé, & se hâta d'aller rendre ses devoirs au Grand-Maître. Ce Prince le combla d'amitié;

le pria plusieurs fois, devant sa Cour, de faire le récit des deux combats qu'il avoit essuyés : il ne pouvoit se lasser de l'entendre & de converser avec lui. Le Chevalier de Tourville retourna ensuite à son bord, où le Signor Jany & les deux Dames étoient restés. Il avoit trouvé un logement assez commode pour eux & pour lui.

L'hiver étant commencé, ils furent obligés de s'arrêter à Malthe, jusqu'à la belle saison. Le Signor Jany fut fort affligé de ne pas trouver sa fille, comme il l'avoit espéré. Le Chevalier ne l'étoit pas moins que lui ; mais il faisoit tout son possible pour lui cacher ses sentimens, même pour le consoler & le rassurer : il ne put cependant calmer ses ennuis & son affliction. Le Signor Jany alloit continuellement sur le port pour voir s'il ne verroit point arriver quelque vaisſeau qui pût lui donner des nouvelles de ſa chere fille : on avoit beaucoup de peine à l'en arracher pour lui faire prendre la nourriture & le repos dont il avoit beſoin.

(*) Un ſoir que le Chevalier de Tourville revenoit du Palais, où il avoit été faire ſa cour au Grand-Maître, il vit beaucoup de monde qui ſortoit de la maiſon qu'il occupoit. Il demanda ce que cela vouloit dire; on lui répondit qu'on ſe hâtoit d'aller chercher un Médecin, & qu'on craignoit qu'il n'arrivât trop tard. Il entre chez lui avec précipitation ; on lui dit qu'on a trouvé le Signor Jany étendu ſur le port & ſans connoiſſance ; qu'on l'a apporté, mis ſur ſon

(*) Ibid.

lit ; qu'on n'a encore pu le faire revenir : il court dans la chambre où il est, la trouve remplie de gens qui s'empressent à lui donner du secours. Il voit un moment après entrer le Médecin, fait sortir la plûpart de ceux qui sont dans la chambre & ne servent qu'à gêner & incommoder le malade. Le Médecin tâta le pouls du Signor Jany, ordonna des lavemens & des vomitifs, disant que l'embarras qu'il trouvoit dans les mouvemens de ce pouls lui annonçoit une plénitude. On lui dit de prendre garde à ce qu'il alloit faire ; que depuis dix jours le malade avoit à peine mangé suffisamment pour ne pas tomber d'inanition. Si cela est, reprit le Médecin, il faut lui donner des cordiaux. Le Chevalier de Tourville, que la gravité & l'ignorance de ce Docteur

impatientoient, lui dit : « Il faut tâ-
» cher de le faire revenir, & l'on cher-
» chera ensuite les remedes dont il
» a besoin ». Le Médecin tira de sa
poche une petite bouteille qui con-
tenoit un élixir dont il fit prendre
quelques gouttes au malade. Aussi-tôt
le Signor Jany revint à lui : il se
tourna du côté du Chevalier de Tourville, lui dit d'une voie presqu'éteinte :
« Il est inutile que vous cherchiez
» à me rappeller à la vie, je ne puis
» survivre à la perte de ma fille. J'espé-
» rois la trouver dans cette île avec le
» Chevalier de Hocquincout, com-
» me il vous l'avoit écrit, & n'ayant
» point eu de ses nouvelles en y ar-
» rivant, j'ai été frappé d'une maniere
» accablante. J'espérois cependant tous
» les jours le voir arriver, & j'allois
» continuellement l'attendre sur le

» port. Un bâtiment venant du Levant a abordé. On a mis la chaloupe à la mer pour prendre terre. J'ai couru au-devant de ceux qui ont débarqué les premiers, leur ai demandé des nouvelles du Chevalier de Hocquincour & de Cruvilier. Ils m'ont répondu qu'ils ne les avoient point rencontrés ; mais que l'équipage d'un bâtiment Vénitien, qui s'étoit trouvé ſur leur route, leur avoit dit qu'on aſſuroit qu'ils avoient éte attaqués par trois vaiſſeaux Turcs ; qu'on croyoit qu'ils avoient péri ou été pris. Cette nouvelle a été un coup de foudre pour moi : j'ai perdu connoiſſance, & c'eſt inutilement que vous travaillez à me guérir ». En achevant ces mots, il retomba en foibleſſe : on le fit encore revenir.

Cette nouvelle accabla le Chevalier de Tourville. Il abandonna à un autre le ſoin de ſecourir le Signor Jany, paſſa dans une chambre qui étoit à côté, pour ſe livrer à ſa douleur. Les femmes dont nous avons parlé, s'apperçurent de ſon état, le ſuivirent pour le conſoler; mais la douleur d'avoir perdu ſa chere Andronique étoit trop vive : il ſe reprochoit d'avoir eu trop de délicateſſe, & d'être la cauſe de l'état où ce vieillard ſe trouvoit. Cependant le mal du Signor Jany augmentoit : il ſentit qu'il approchoit de ſa fin ; demanda à parler en particulier au Chevalier de Tourville. Celui-ci parut avec un air abattu & l'affliction peinte ſur le viſage. Le vieillard, perſuadé que c'étoit ſon état à lui-même qui la cauſoit, lui dit d'une voix foible

foible & presqu'éteinte : « L'affliction » que vous cause ma situation, est » une preuve de la sincere amitié que » vous avez pour moi : elle me cau» seroit beaucoup de consolation, si » j'étois capable d'en prendre à pré» sent. La nouvelle que j'ai apprise » annonce que ma fille est morte; » ou qu'elle est tombée entre les mains » des Turcs, ce qui est la même chose » pour moi. Je ne puis survivre à cette » perte, & tous les remedes qu'on pour» roit me faire ne me garantiroient pas » de la mort. Je sens même qu'il ne me » reste que très-peu de tems à vivre.

» Souffrez, cher Chevalier, que » je vous fasse un don de tout ce que » j'ai apporté ici avec moi, & de ce » que j'ai laissé à Siffanto; de tout » ce qui m'y est dû, & généralement » de tout ce que je possede. Vous en

» trouverez l'état & les titres dans
» mes papiers.

» En cas que ma fille ne soit pas
» morte & qu'elle soit entre les mains
» des Turcs, vous aurez, par tout ce
» que je vous laisse, une somme plus
» que suffisante pour payer sa ran-
» çon, &, pour cet effet, je vous
» prie de tâcher d'être promptement
» instruit de son sort, de la racheter,
» au plus vîte, si elle est entre les mains
» des Turcs, de lui faire connoître en-
» suite qu'elle est la seule cause de ma
» mort; de lui dire, de ma part, que, se
» trouvant sans pere, sans mere, sans
» appui, le parti le plus sage qu'elle
» puisse prendre est de se retirer à
» l'Abbaye de Siffanto auprès de sa
» tante qui lui servira de mere. Si elle
» ne veut pas prendre ce parti, je vous
» prie de la conduire à Athenes, où

» vous la remettrez entre les mains » de Zacharie Beninzoli, son oncle, » qui l'aime tendrement.

» Si elle est morte, tout ce que je » vous laisse est à vous. Voilà, mon » cher Chevalier, les dernieres volon» tés d'un ami mourant ».

A peine eut-il prononcé ces derniers mots, qu'il tomba encore en foiblesse; mais il revint bientôt à lui; fit les formalités nécessaires pour l'exécution de ses volontés; s'acquitta des devoirs de Chrétien, & mourut le lendemain. Le Chevalier de Tourville fut sincérement affligé de sa mort & lui fit rendre les honneurs de la sépulture.

Le Grand-Maître, instruit de la mort de cet Athénien & de l'affliction qu'elle causoit au Chevalier de Tourville, l'envoya chercher, lui marqua toutes ſortes de bontés, alla même juſqu'à tâcher de le conſoler. Il lui propoſa, pour faire diverſion à ſa douleur, d'aller en courſe avec un Corſaire Napolitain, nommé Carini, qui avoit un vaiſſeau de cinquante piéces de canon, & demandoit à ſe mettre ſous la Banniere de l'Ordre. Le Grand-Maître ajouta que ce Corſaire ſe faiſoit un plaiſir d'être en ſocieté avec lui; qu'il vouloit même lui céder le commandement, quoiqu'il fût très-exercé au métier de Corſaire & qu'il eût commandé pluſieurs vaiſſeaux. Le Chevalier accepta la propoſition du Prince, lui en marqua ſa reconnoiſſance; mais il dit qu'il ſe feroit un plaiſir d'être ſous un homme du mérite & de la réputation de Carini, & qu'il profiteroit de ſes leçons. *Vous ferez vos arrangemens*, reprit le Grand-Maître. Dès le lendemain, Carini alla chez le Chevalier, qui accepta toutes les propositions qu'il lui fit. Carini étoit hardi, entreprenant & fort expérimenté. Sa réputation faisoit beaucoup de bruit dans le Levant. Ils convinrent ensemble d'attaquer tous les vaisseaux Turcs qu'ils rencontreroient, sans avoir égard au nombre; de ne jamais prendre la fuite & de n'éviter jamais le combat, enfin de vaincre ou de périr; que toutes les prises seroient partagées entr'eux, les Officiers, les pilotes & les matelots, selon leur rang. Ils convinrent encore que, si l'un des deux Capitaines étoit tué, le survivant en hériteroit : ils en passerent un écrit signé double entr'eux. Il ne fut plus question que de décider lequel auroit le commandement;

ils vouloient se le céder réciproquement. Il fallut enfin que le Grand-Maître en décidât : il le donna à Carini ; mais ce ne fut qu'à la priere du Chevalier de Tourville.

L'accord étant fait, ils songerent à pourvoir leurs vaisseaux de tout ce qui étoit nécessaire, & à former leurs équipages : plusieurs Chevaliers se présenterent pour servir sous leurs ordres. On donna les places de Lieutenant & d'Enseigne à deux d'entr'eux qui avoient déja été en course & avoient montré beaucoup de capacité.

Les femmes que le Chevalier de Tourville avoit délivrées de l'esclavage, & qui occupoient toujours la même maison que lui, desiroient qu'il les conduisît à Smirne : elles cherchoient à éloigner le moment où il faudroit se séparer de lui. Il leur dit qu'il goûteroit beaucoup de satisfaction à leur rendre ce léger service; mais qu'elles seroient trop exposées dans son vaisseau; que la prudence demandoit qu'elles en prissent un autre. Il s'en trouva un qui devoit partir dans le même tems que ceux du Chevalier & de Carini: il fallut se dire adieu. Elles avoient fait attention aux qualités extérieures du Chevalier. Il leur avoit donné des preuves convaincantes de son courage; tous les jours il leur montroit la douceur de son caractere; elles étoient jeunes; la tendresse ne pouvoit manquer de se joindre à leur reconnoissance: elles en laisserent échapper des marques, en le quittant.

Lorsque les vaisseaux furent prêts à lever l'ancre, les deux Capitaines déciderent qu'il falloit prendre la route des îles de Sapienza, de Carrera & de Venetica, où il étoit presque certain qu'ils trouveroient des Corsaires Turcs qui parcouroient ordinairement ces parages. Le Chevalier de Tourville fit l'avant-garde. Ils passerent d'abord à Zante, où ils trouverent un vaisseau Vénitien que la crainte d'être pris par les Turcs y retenoit. Le Capitaine de ce vaisseau leur apprit que trois Corsaires Turcs croissoient vers les îles de Sapienza, pour surprendre les vaisseaux qui entroient dans le golfe de Venise, ou qui en sortoient. Carini & le Chevalier lui proposerent de l'escorter, & de faire face, en cas d'attaque, à un des trois vaisseaux Turcs. Il accepta la proposition avec joie. Le Chevalier de Tourville alla demander au négociant qui lui avoit remis la lettre dont nous avons parlé, s'il n'avoit point eu de nouvelles du Chevalier de Hocquincour & de Cruvilier. Le négociant lui dit que les deux Capitaines avoient passé l'hiver dans l'île pour radouber leurs vaisseaux qui étoient fort maltraités; que le Chevalier de Hocquincour montoit un vaisseau Turc; qu'il avoit été blessé légérement; mais que Cruvilier l'avoit été dangereusement; qu'ils étoient partis depuis quinze jours en assez bon état; que le Chevalier de Hocquincour l'étoit venu voir en arrivant, pour savoir s'il lui avoit remis sa lettre, qu'il avoit remarqué qu'il étoit triste & abattu. Le Chevalier de Tourville lui demanda s'ils n'avoient point avec eux une Dame & une Maure. Il répondit qu'il étoit sur le port lorsque leurs vaisseaux avoient pris terre;

qu'il n'avoit point vu de femme ; qu'il ne leur en avoit même jamais entendu parler, quoiqu'il les vît souvent.

Le Chevalier de Tourville apprit, avec satisfaction, que celui de Hocquincour n'étoit pas mort, comme on lui avoit dit. Malgré les sujets qu'il croyoit avoir de s'en plaindre, il avoit toujours conservé pour lui une sincere amitié : mais cette joie étoit bien troublée par la certitude de la perte d'Andronique ; il se persuada qu'elle avoit été tuée dans le combat, puisque le Chevalier de Hocquincour ne l'avoit pas avec lui. Sa douleur se réveilla. Il murmura encore contre le Chevalier de Hocquincour, l'accusa d'être la cause de la mort de cette charmante fille.

Il fallut cependant faire trêve à sa douleur & partir. On décida que le vaiſſeau marchand iroit en avant. Lorſqu'il fut à la hauteur de l'île Carrera, il fit ſignal & annonça qu'il appercevoit trois voiles; ſe mit en panne pour attendre Carini & le Chevalier de Tourville qui le joignirent promptement. Les trois vaiſſeaux Turcs avançoient avec confiance: ils croyoient que ceux qu'ils voyoient étoient des marchands qui alloient bientôt être leur proie; mais en approchant ils connurent leur erreur & n'en crurent pas moins la victoire aſſurée.

Carini fit mettre le vaiſſeau marchand entre le ſien & celui du Chevalier, afin de le ſecourir en cas de beſoin. Lorſque les Turcs furent à la portée du canon, ils lâcherent toutes leurs bordées. Le plus fort faiſoit face au Chevalier de Tourville qui ne fit ſa décharge que lorſqu'il fut à bout portant. Elle incommoda beaucoup celui des Turcs dans ſa manœuvre : alors ils voulurent venir à l'abordage; mais on les repouſſa, & on leur tua beaucoup de monde par le feu de la mouſqueterie. Ils revinrent cependant pluſieurs fois à la charge : le Chevalier de Tourville réſolut de les laiſſer entrer; ordonna à pluſieurs matelots de ſe tenir prêts à couper les amares & à éloigner avec les boute-hors le bâtiment Turc, lorſqu'ils verroient qu'un certain nombre d'ennemis ſeroit paſſé ſur le ſien. Il en entra d'abord cent cinquante. Alors on exécuta les ordres du Chevalier : le vaiſſeau Turc fut repouſſé; le feu de l'artillerie le tint en reſpect. Le Chevalier de Tourville, à la tête d'une partie de ſes gens, mit en piéces la plûpart de ceux qui étoient entrés dans ſon vaiſſeau, & força le reſte de mettre les armes bas; les fit paſſer à fond de cale. Il ordonna à ſon Lieutenant de laiſſer faire un ſecond abordage, & à l'équipage de ſe comporter comme la premiere fois. Cent Turcs, ou à-peu-près, paſſerent ſur ſon vaiſſeau & eurent le même ſort que les premiers. Alors il réſolut d'aborder à ſon tour le vaiſſeau Turc, où les priſonniers lui dirent qu'il ne reſtoit au plus que cinquante hommes. Il le fit ſans trouver beaucoup de réſiſtance, & s'en rendit maître; y laiſſa une partie de ſon équipage, en donna le commandement à ſon Lieutenant; repaſſa ſur ſon bord; alla avec ſa priſe au ſecours de Carini & du vaiſſeau marchand. Carini avoit eſſuyé un combat des plus opiniâtres;

pour empêcher l'abordage & soutenir le vaisseau marchand. Les deux vaisseaux Turcs voyant arriver le Chevalier avec la prise, sur laquelle on avoit arboré le pavillon de Malthe, prirent la fuite: mais un d'eux se trouva si endommagé qu'il ne put aller loin. Ceux qui le montoient, voyant qu'ils ne pouvoient ni fuir ni se défendre, prirent le parti du désespoir: ils mirent le feu aux poudres & firent sauter leur vaisseau.

Carini & le Chevalier de Tourville, se voyant débarrassés des deux vaisseaux Turcs, visiterent la prise: ils y trouverent beaucoup de marchandises d'un grand prix; une quantité considérable d'argent qui fut partagée suivant le traité qu'on avoit fait en partant. Il y avoit, en outre, un grand nombre d'esclaves Chrétiens qui servirent à augmenter les équipages. Parmi ces esclaves, il se trouva une Maure que le Chevalier de Tourville reconnut d'abord pour être celle de la belle Andronique. Sa surprise & sa joie furent extrêmes; mais il ne pouvoit ni l'entendre ni se faire entendre d'elle. Cette fille s'apperçut de sa surprise & sentit son embarras; elle lui fit signe de la suivre. Il ordonna à quatre matelots de l'accompagner. Elle les conduisit à la Sainte-Barbe, où ils trouverent une jeune fille qui étoit à demi-morte. Ils la prirent, la porterent à la chambre du Capitaine, où étoit alors le Chevalier de Tourville, plongé dans la tristesse. Quelle surprise & quelle joie pour lui de reconnoître sa chere Andronique dans la personne que les matelots apportoient dans sa chambre!

Sa joie auroit été parfaite, si l'état où il la voyoit ne l'eût troublée. Il lui fit donner tous les secours dont elle avoit besoin. La situation déplorable où elle s'étoit vue, le refus qu'elle avoit constamment fait de manger, l'avoient mise dans le plus grand abattement. Elle ouvrit les yeux, & le premier objet qui s'offrit à ses regards fut le Chevalier de Tourville: elle poussa un grand cri & perdit encore connoissance; mais elle revint bientôt; trouva son cher Chevalier à ses côtés, qui tenoit une de ses mains & l'arrosoit de ses larmes. « N'est-ce point un songe, dit-elle; » en poussant un soupir? puis-je en » croire mes yeux? est-ce bien vous, » cher Chevalier »? « Oui, c'est moi, » belle Andronique, j'ai pensé mou» rir de douleur de vous avoir perdue;

» mais je suis assez heureux de vi-
» vre encore pour goûter le plaisir
» de vous revoir ».

Sa joie étoit si grande qu'elle avoit peine à parler. Le Chevalier, sachant qu'elle avoit besoin de prendre quelque nourriture pour rétablir ses forces, l'engagea à manger & à se reposer. Quoiqu'il eût bien desiré de s'entretenir avec elle, il la quitta, feignant d'être obligé d'aller donner des ordres indispensables.

Les trois Capitaines des vaisseaux Malthois se réunirent pour délibérer sur le parti qu'ils devoient prendre. Celui du vaisseau marchand leur conseilla, les pria même d'aller à Venise, leur assurant qu'ils s'y radouberoient plus facilement; qu'il desiroit d'ailleurs leur donner des marques de sa sincere reconnoissance. Il ajouta qu'ils y vendroient plus avantageusement leurs esclaves & les marchandises qu'ils avoient prises. Les Malthois goûterent ses avis & convinrent de les suivre. On donna des ordres en conséquence, & le Chevalier de Tourville alla voir si sa chere Andronique reposoit : il la trouva éveillée, lui dit : « Quel bonheur, quelle » satisfaction pour moi, belle An- » dronique, de vous trouver après les » craintes mortelles & les chagrins » affreux que j'ai essuyés pour vous!

» Si vous aviez été, lui repondit- » elle, aussi sensible à mon sort que » vous voulez le faire paroître, vous » n'auriez pas manqué à la parole que » vous m'aviez donnée avant votre » départ de Siffanto, & vous m'au- » riez épargné bien des peines, des » chagrins & des souffrances ». Le

Chevalier chercha à s'excuser; lui dit que ses inquiétudes & ses chagrins avoient au moins égalé les siens; mais que sa présence lui faisoit tout oublier & rendoit le calme à son esprit; qu'il en avoit coûté beaucoup à son cœur pour agir avec elle comme il avoit fait; mais que son honneur l'y avoit forcé. Il la pria de lui faire le récit de tout ce qui lui étoit arrivé depuis son départ de Siffanto.

« Vous savez, lui dit-elle, qu'à » notre dernier entretien vous feignîtes de consentir à mes desirs & » d'entrer dans le complot que j'avois » formé pour mon évasion. Vous savez encore que vous me promîtes » de faire tenir sur le port un matelot avec votre chaloupe pour me » conduire à votre bord. Je fis tous

» les préparatifs que je crus nécessai-
» res. Le tems marqué pour mon dé-
» part approchoit, j'avois un secret
» pressentiment des malheurs qui m'at-
» tendoient. J'envisageai l'état déplo-
» rable où j'allois mettre mon pere :
» ma tendresse pour lui se réveilla
» & prit le dessus sur celle que j'ai
» pour vous. Je me rappellai mon
» devoir ; j'écoutai ma vertu, & la
» raison me fit entrevoir le préci-
» pice où j'allois me jetter. J'étois
» prête à abandonner mon projet,
» mais votre image me revint à l'i-
» dée, & mon amour triomphoit de
» la raison ; mais la raison reprenoit
» son empire. J'étois dans cette agi-
» tation, lorsque minuit sonna. Le
» valet de mon pere entra dans ma
» chambre : je lui dis que j'avois chan-
» gé de résolution ; mais cela étoit

» contraire à ses intérêts, comme je » l'ai su depuis; il me représenta que » j'en avois trop fait pour reculer; » me fit une peinture si touchante » du désespoir où je ne manquerois » pas de vous jetter en manquant à » ma parole, que je ne fus plus mai- » tresse de moi: je suivis le penchant » qui m'entraînoit vers vous. Je par- » tis avec ma Maure & lui : j'en- » trai toute tremblante dans la cha- » loupe. Dès que je fus arrivée, un » Officier vint à moi, me conduisit » dans la chambre du Capitaine, me » dit que vous étiez allé à la frégate » du Chevalier de Hocquincour pour » regler le départ, & que vous seriez » bientôt de retour; qu'en partant » vous aviez donné ordre qu'on me » mît dans cette chambre. Je le crus » de bonne foi, mais une demi-heure

» après je vis entrer le Chevalier de
» Hocquincour, qui se jetta à mes
» genoux, me pria de lui pardonner
» sa supercherie; ajouta qu'ayant ap-
» pris que vous n'aviez pas voulu me
» prendre sur votre bord, il avoit
» fait tenir sa chaloupe à la place
» de la vôtre pour me conduire au
» sien, & qu'à votre place il m'offroit
» en lui l'amant le plus tendre, le
» plus sincere & le plus constant.
» Les pleurs & les gémissemens fu-
» rent ma réponse: cependant le vais-
» seau alloit: le vôtre étoit en avant:
» je vous appellai plusieurs fois, mais
» vous étiez trop éloigné, vous ne
» m'entendiez pas.

» Le Chevalier de Hocquincour,
» voyant que je m'obstinois à ne pas
» l'écouter, que je lui marquois mê-
» me de l'aversion, se retira & me

» laiſſa ce jour-là en liberté. Il revint » le lendemain, mais je ne répondis à » ſes empreſſemens que par des marques de mépris. Il revint une troiſiéme fois & ne fut pas mieux reçu. Depuis ce tems il n'a eu pour » moi que des égards, m'a même marqué du reſpect. Lorſqu'il me voyoit » plongée dans la triſteſſe, il ne manquoit jamais de me parler de vous; » parce qu'il s'étoit apperçu que c'étoit » le ſeul moyen de me faire plaiſir.

» Lorſque vous rencontrâtes les » vaiſſeaux Turcs & que je vis qu'on » ſe diſpoſoit à combattre, dans quelles alarmes ne fus-je pas par rapport » à vous! j'aurois ſouhaité d'être ſur » votre vaiſſeau pour partager le danger avec vous. Lorſque nous fûmes » aſſez près pour voir tous les périls » auxquels vous vous expoſiez, que

» de vœux ne fis-je pas pour vous ! » Tous les coups qu'on tiroit sur votre vaisseau m'alloient jusqu'au cœur ; » je ne cessois de crier & de vous appeller, & mes cris ne pouvoient être » entendus. Mes alarmes devinrent » bien plus terribles lorsque je vis couler bas votre vaisseau : je vous crus » perdu, & sur le champ je tombai » sans connoissance. Le Chevalier de » Hocquincour entra à l'instant dans » ma chambre : il comprit la cause » de l'état où je me trouvois, me fit » donner un prompt secours & me » quitta pour aller combattre. Lorsqu'il sut que j'étois revenue à moi, » il me fit dire que vous étiez sur » l'autre vaisseau que vous aviez sûrement pris ; qu'on venoit d'y arborer le pavillon de Malthe. Cette nouvelle calma mes douleurs : j'espérois

» qu'après

» qu'après le combat j'aurois le plaisir de vous voir : mais le Chevalier de Hocquincour & Cruvilier se mirent à la pourſuite des deux vaiſſeaux contre leſquels ils avoient affaire, & qui, ayant vu que vous vous étiez emparé de l'autre, avoient pris la fuite. La nuit les déroba à la pourſuite des deux Capitaines, qui voulurent vous rejoindre & ne vous trouverent plus.

» Le Chevalier de Hocquincour ſe rendit auprès de moi & fit tout ce qu'il put pour me conſoler, m'aſſura qu'on vous trouveroit à Zante, où étoit le rendez-vous. On s'y rendit, on vous attendit ; mais vous n'y vîntes pas, & l'on fut obligé de partir. On préſuma que vous étiez allé à Malthe. Le Chevalier de Hocquincour, me voyant toujours

» plongée dans la triſteſſe, me pro-
» poſa de me reconduire auprès de
» mon pere ou d'aller à Malthe. J'a-
» vois trop offenſé mon pere pour
» oſer paroître devant lui ; je priai
» qu'on me conduisît à Malthe. Nous
» partîmes, & l'eſpérance de vous re-
» voir calma mes ennuis. Quelques
» jours après notre départ de Zante,
» comme je dormois tranquillement,
» je fus réveillée par le bruit du ca-
» non ; je me levai, je courus à la
» fenêtre de ma chambre, je vis deux
» grands vaiſſeaux contre leſquels les
» nôtres avoient déja commencé le
» combat. Je me ſentis peu allarmée :
» vous n'y étiez pas, & rien ne m'in-
» téreſſoit. J'ignorois cependant que
» je courois un danger bien plus grand
» pour moi que celui de perdre la
» vie. Le Chevalier de Hocquincour

» combattoit avec une intrépidité qui
» sembloit lui annoncer la victoire.
» J'entendis tout-à-coup un bruit ter-
» rible sur le vaisseau où j'étois. Il
» étoit excité par un nombre consi-
» dérable de Turcs qui avoient passé
» sur notre bord. Le Chevalier de
» Hocquincour, n'ayant pu empê-
» cher l'abordage, se battoit en dés-
» espéré. Il remarqua que la plus
» grande partie des Turcs du vais-
» seau contre lequel il combattoit
» étoient sur le sien, qu'il se trou-
» voit par-là dépourvu de monde; il
» prit la résolution d'y passer avec
» tout son équipage. Il s'en rendit bien-
» tôt maître, fit couper les amares,
» gagna le large & fit tirer à bout
» portant sur le sien qu'il venoit d'aban-
» donner. Cruvilier, qui avoit eu du
» dessous, s'étoit retiré à force de

» voiles. Les deux vaisseaux ennemis » étoient trop maltraités pour les » poursuivre. Le premier soin des » Turcs fut de visiter la frégate que » le Chevalier de Hocquincour leur » avoit abandonnée. J'étois dans la » chambre du Capitaine, accablée de » douleur & de crainte, lorsqu'on » vint enfoncer la porte : plusieurs » Turcs entrerent à la fois. Si-tôt que » je les vis, je perdis connoissance. » Etant revenue à moi, je me trou- » vai seule avec ma Maure & un » Turc qui étoit en sentinelle à no- » tre porte. Je fis alors les réflexions » les plus tristes & les plus acca- » blantes. Peu de tems après je vis » entrer un Turc assez bien couvert, » qui me dit, en langue arabe, que » ma Maure m'expliqua, qu'il falloit » passer sur l'autre vaisseau. Dans la

» visite qu'on venoit de faire de la » frégate, on avoit trouvé qu'elle fai- » soit eau en plusieurs endroits, de » maniere qu'il étoit impossible de la » surmonter, ce qui les engagea à por- » ter promptement sur l'autre vais- » seau tout ce qu'il y avoit de plus » précieux, & de m'y faire passer. J'au- » rois mieux aimé qu'on m'eût laissé » périr avec le vaisseau : la mort étoit » préférable à la situation où j'étois. » On me présenta la main pour me » conduire à la chaloupe, ensuite à » l'autre vaisseau. Le Commandant » me reçut avec politesse, me fit en- » trer dans la chambre du Capitai- » ne, mit une sentinelle à la porte, » pour que personne n'y entrât : on » laissa ma Maure avec moi. Quel- » que tems après, je vis entrer ce » Commandant avec celui du vaisseau

» que le Chevalier de Hocquincour » avoit pris. Il lui dit : que penses-tu » de cette prise? Comment trouves-tu » cette femme? Ma Maure m'expli- » quoit tout ce qu'ils disoient. L'au- » tre lui répondit : *Je la trouve trop* » *belle pour toi : fais-t'en un mé-* » *rite auprès du Grand-Visir qui* » *te saura gré d'un tel présent.* J'ap- » pris par-là le sort auquel on me » destinoit; mais je résolus de l'évi- » ter par la mort. Environ une heure » après, on vint étendre à terre un » grand tapis, sur lequel on servit à » manger : les deux Capitaines paru- » rent & m'inviterent à prendre quel- » que nourriture; mais j'étois trop affli- » gée pour songer à manger. Ils conti- » nuerent à avoir pour moi les plus » grands égards, me céderent la cham- » bre du Capitaine avec la liberté de la

» fermer pendant la nuit ; mais ils la » faisoient ouvrir tous les matins & » venoient me contempler. Un jour » celui auquel j'appartenois vint seul, » me tint des discours tendres, parla » ensuite en maître qui veut être obéi. » Je pris un air de fermeté; lui fis » dire par ma Maure que ma vertu » m'étoit plus chere que la vie; que » je me donnerois plutôt la mort que » de consentir à ses desirs. Je m'élan- » çai en même-tems sur un poignard » qu'il avoit à son côté, je l'arrachai » du fourreau, le lui présentai. Il fut si » étonné qu'il sortit sans chercher à ra- » voir son poignard. J'en fus charmée » & formai la résolution de ne m'en » point dessaisir afin de m'en servir con- » tre moi-même en cas de besoin. » Ce Capitaine ne reparut plus dans » ma chambre qu'étant accompagné.

» Les Turcs se rendirent aux îles » de Strivali, où ils trouverent deux » autres Corsaires de leur nation avec » lesquels ils firent société; mais le » tems n'étant pas propre à courir » les mers, ils resterent deux mois » dans cette île. La saison étant de- » venue plus commode, ils parti- » rent au nombre de trois vaisseaux. » Le Capitaine auquel j'appartenois » n'en avoit point : il attendoit qu'ils » en eussent pris quelqu'un pour al- » ler me présenter au Grand-Visir. Ils » mouillerent quelque tems vers le » Cap de Matapa, où ils trouverent » un vaisseau auquel ils donnerent » la chasse & qui leur échappa à la » faveur du vent. Ayant appris que » le Provéditeur de Zante devoit re- » tourner à Venise, que c'étoit un » homme fort riche, qui portoit avec

» lui tous ses trésors, ils prirent la » résolution de l'attaquer, se rendi» rent vers les îles de Carrera & de » Venetica.

» Ils y étoient à l'attendre à son » passage, lorsque vous y êtes arrivé; » les avez attaqués. C'est par votre » victoire que j'ai eu le bonheur de » sortir de leurs mains. Il est d'au» tant plus grand que c'est dans les » vôtres que je tombe. Le Ciel me » dédommage de tous mes maux, » en me rendant ce que j'ai de plus » cher au monde ».

Le Chevalier l'avoit écoutée avec attention : les dangers auxquels elle avoit été exposée, les chagrins qu'elle avoit essuyés, la lui rendoient encore plus intéressante. Il étoit au comble de la joie, de la posséder & de ne devoir ce bonheur qu'à lui-même. Il lui fit encore le tableau des tourmens qu'il avoit endurés pour elle.

« C'est ce traître de valet, reprit-elle, » que j'ai mené avec moi, qui, sous l'es- » poir d'une récompense, m'a livrée au » Chevalier de Hocquincour, en lui » assurant que quand je serois en son » pouvoir, il n'auroit pas de peine » à me séduire. Il a reçu le châti- » ment dû à sa perfidie : il périt dans » le combat où je tombai entre les » mains des Turcs. Le Chevalier de » Hocquincour, voyant qu'il s'étoit » trompé, m'a témoigné un si vif » repentir, m'a marqué tant de res- » pects, que je me sens disposée à » lui pardonner ».

Le Chevalier de Tourville lui dit que ses sentimens détermineroient toujours les siens, & qu'il ne marqueroit jamais aucun mécontentement au

Chevalier de Hocquincour. Il lui raconta ensuite ce qui lui étoit arrivé depuis leur séparation, les circonstances de la mort de son pere, & lui fit connoître les dernieres intentions de ce respectable vieillard. Elle versa un torrent de larmes, se reprocha à elle-même d'être la cause de la mort du plus tendre des peres.

« Les suites funestes de mon im-
» prudence, reprit-elle, me causent
» de grands remords & me font faire
» bien des réflexions. Mon inclina-
» tion & des raisons très-pressantes
» me forcent à rejetter les deux par-
» tis qu'il vous a chargé de me pro-
» poser. Je crois que celui du cou-
» vent me convient mieux que tous
» les autres. Je veux y aller & y
» rester jusqu'à ce qu'il plaise à Dieu
» de me faire connoître l'état auquel

» il me deſtine. Nous allons à Veniſe; » j'ai ſouvent entendu parler de cette » ville à mon pere; j'y ai même été » dans ma tendre jeuneſſe, c'eſt là » où je deſire de me retirer ».

Le Chevalier lui renouvella ſes proteſtations d'amour & de tendreſſe; lui dit que s'il ne conſultoit que ſon cœur, il s'oppoſeroit à une réſolution qui alloit le priver du bonheur de la voir; ajouta que d'un autre côté, réfléchiſſant au danger qu'il y auroit pour elle à le ſuivre dans ſes courſes, il ſacrifioit ce bonheur à la raiſon qui exigeoit qu'il la mît en ſûreté; que la ſeule grace qu'il lui demandoit, étoit de lui donner ſouvent de ſes nouvelles, & de permettre qu'il allât la voir, ce qu'il feroit le plus ſouvent qu'il pourroit.

Lorſqu'ils furent arrivés à Veniſe,

le Capitaine marchand chercha à leur procurer tous les agrémens possibles. Le Doge instruit du combat qu'ils avoient essuyé, envoya chercher le Capitaine marchand qui lui fit un fidele récit de ce combat; vanta la valeur du Chevalier de Tourville, auquel il attribua l'honneur de la victoire. Le Doge conçut le desir de voir un homme si estimable : le Capitaine marchand le dit au Chevalier & l'engagea à rendre visite au Prince. Le Doge lui voyant un air très-jeune, eut peine à croire ce qu'on lui en avoit dit : il le regarda avec étonnement & admiration, lui fit l'accueil le plus gracieux; donna ses ordres pour qu'il eût dans Venise tous les agrémens qu'il pourroit desirer, & tous les secours nécessaires pour radouber ses vaisseaux.

La belle Andronique, toujours ferme dans sa résolution, ne demandoit plus qu'à l'exécuter. Le Chevalier, quoiqu'il en coutât à son cœur, chargea le Capitaine marchand de lui chercher un couvent : il en eut bientôt trouvé. Le Chevalier remit à cette aimable fille tout ce que son pere lui avoit laissé; y ajouta du sien, pour qu'elle ne manquât de rien; lui promit de passer à Siffanto, d'y prendre tout ce qui appartenoit au Signor Jany, comme il en avoit le pouvoir, & de le lui envoyer. Il ne se sentit pas la force de l'accompagner au couvent : Andronique n'en fut pas fâchée, elle craignoit que les Religieuses ne s'apperçussent de sa tendresse pour lui. Carini & le Capitaine marchand furent chargés de la conduire : lorsqu'ils la quitterent, elle leur dit de prier le Chevalier de ſa part de ne la plus voir ; qu'elle craignoit que ſa préſence ne troublât ſa tranquillité ; mais qu'il lui feroit plaiſir de lui donner de ſes nouvelles. Le Chevalier de Tourville, qui la reſpectoit autant qu'il l'aimoit, réſolut de ſe conformer à ſes ſentimens. Il engagea Carini & le Chevalier Marini qu'ils avoient fait Capitaine de la priſe, à partir promptement. Il avoit deſſein de ſe rendre à Siffanto pour y prendre, comme nous l'avons dit, ce qui appartenoit au Signor Jany, & l'envoyer à ſa fille ; mais lorſqu'ils furent à la hauteur de Venetica, le Chevalier Marini, qui étoit en avant, leur fit ſignal de quatre vaiſſeaux Turcs. Lorſqu'ils approcherent, ils reconnurent que celui auquel Carini avoit eu affaire dans le dernier combat, étoit du nombre. On apprit par la ſuite qu'il s'étoit aſſocié avec les trois autres dans le deſſein de chercher les vaiſſeaux Malthois & d'avoir ſa revanche. Les trois Malthois ſe rangerent ſur une même ligne, pour être plus à portée de ſe ſecourir. Le Chevalier de Tourville ſe mit au centre, Carini à la droite, le Chevalier Marini à la gauche. Les Turcs prirent la même poſition : les deux du centre ſe diſpoſerent à attaquer le Chevalier de Tourville. Il dit à ceux qui compoſoient ſon équipage, que le courage les tireroit du danger ; les pria de ſuivre ſon exemple. Il fit charger ſes canons à groſſe mitraille, afin de faire plus de ravage ſur le pont des ennemis, & plaça les plus vigoureux matelots pour empêcher l'abordage.

(*) Les Turcs, en abordant les Malthois, firent leur décharge. Le Chevalier fit faire la sienne à bout portant. Un des vaisseaux ennemis pencha & gagna le large. Le Chevalier, revirant de bord sur l'autre, fit encore une décharge qui tua une quantité prodigieuse de Turcs. Le premier vaisseau ne revenant point à la charge, il résolut de faire servir son artillerie le plus promptement qu'il seroit possible, afin d'empêcher l'abordage par un feu continuel. Voyant que le nombre des ennemis diminuoit considérablement, s'étant d'ailleurs apperçu qu'il s'élevoit beaucoup de trouble parmi eux, il se douta qu'il leur étoit arrivé quelque malheur, & résolut de saisir le

(*) Ibid.

moment de consternation où ils étoient. Il dit à ses gens: « Camara- » des, profitons du désordre où nous » voyons cette canaille : notre feu » en a mis bas une grande partie : » il faut faire sur eux une décharge » générale de l'artillerie & de la » mousqueterie, &, sans leur don- » ner le tems de se reconnoître, » monter à l'abordage, les tailler en » piéces ». Ses ordres furent promptement exécutés: le Chevalier s'élança le premier sur le pont du vaisseau ennemi. Il fut fort étonné de trouver au lieu de résistance, un Officier Turc qui se jetta à ses pieds & lui rendit ses armes, en criant aux autres d'en faire autant.

La facilité qu'il eut à se rendre maître de ce vaisseau, vint de ce que le Capitaine avoit été tué, & que celui qui avoit pris sa place, s'étoit trouvé dans plusieurs combats contre le Chevalier de Tourville & avoit éprouvé son courage. Lorsqu'il le vit passer sur son vaisseau, il fut effrayé, exhorta les siens à se rendre, pour éviter une mort certaine.

Lorsque le Chevalier fut maître de ce vaisseau, il courut sur celui qui avoit pris le large; lui lâcha sa bordée; le mit hors d'état de se défendre; l'aborda & s'en rendit maître. Il fit passer sur son bord tous les prisonniers; tira de ce vaisseau tout ce qu'il y avoit de plus précieux, & le coula à fond. Il alla ensuite au secours de Carini qu'il trouva en fort mauvais état: les Turcs étoient déjà sur son bord; il venoit d'être tué: son équipage étoit dans le plus grand désordre & ne se battoit plus qu'en retraite. A ſon arrivée tout changea de face ; il entra dans le vaiſſeau de Carini, attaqua les Turcs avec fureur ; envoya la priſe qu'il venoit de faire au ſecours de Marini. Les Turcs effrayés repaſſerent promptement ſur leur vaiſſeau : preſque tous furent tués ou culebutés dans la mer : ceux qui échapperent à ſes coups ſe hâterent de prendre le large. Le Chevalier ne les pourſuivit pas parce que ſes gens avoient beſoin de repos & que ſon vaiſſeau étoit endommagé. L'autre vaiſſeau Turc prit auſſi la fuite. Après ce combat, le Chevalier conduiſit ſes vaiſſeaux à Siffanto ; les fit radouber, & ſe mit en poſſeſſion de tous les effets de Carini, comme leur convention le portoit. Il donna à chacun ce qui lui appartenoit de la priſe qu'on avoit faite, & récompenſa ſur ce qui lui revenoit, ceux qui s'étoient le plus diſtingués : il eut ſoin enſuite de prendre ce qui appartenoit & qui étoit dû au Signor Jany.

Ses quatre vaiſſeaux étant prêts & pourvus de tout ce qui leur étoit néceſſaire, il donna le commandement de la derniere priſe au Chevalier Morozini, ſon Lieutenant, & de celui du vaiſſeau que montoit le feu Capitaine Carini, au Chevalier Saint-Roman qui avoit été Lieutenant de Carini. L'étonnement eſt épuiſé de voir tant de valeur & de capacité dans un jeune homme de vingt ans. Ces faits ſe paſſerent en 1662, & le Chevalier de Tourville étoit né, comme nous l'avons dit, en 1642.

Ses arrangemens étant faits, il partit pour Zante; y vendit les eſclaves; augmenta ſes équipages; pourvut à tout ce qui lui étoit encore nécessaire & qu'il n'avoit pu trouver à Siffanto. Il lia connoissance avec des marchands qui faisoient un très-grand commerce à Venise ; les chargea de faire remettre à Andronique tout ce qu'il avoit retiré de l'héritage de son pere. Il lui écrivit d'une maniere fort tendre, la pria de lui donner de ses nouvelles, de les adresser à Malthe où il avoit résolu d'aller. N'ayant plus rien à faire dans l'île de Zante, il en partit avec sa petite flotte & prit la route de Malthe. Le vaisseau de S. Roman faisoit l'avant-garde, celui de Marini l'arriere-garde, le sien & celui de Morozini étoient au centre. Son arrivée à la tête de quatre vaisseaux fit beaucoup de bruit à Malthe : on ne pouvoit se lasser d'admirer son bonheur & son courage.

Le Grand-Maître lui fit faire des complimens & s'informa s'il revenoit en bonne ſanté après avoir couru tant de dangers. Tous les Chevaliers allerent le voir ſur ſon bord, pour le féliciter & lui témoigner la joie qu'ils reſſentoient de le revoir. Ce n'étoient cependant que les démonſtrations d'une amitié feinte : ils étoient intérieurement jaloux de voir qu'un jeune homme ſe fût acquis, en ſi peu de tems, autant d'honneur & de réputation. Le Chevalier de Hocquincour qui étoit arrivé depuis peu de tems à Malthe en aſſez mauvais état, avoit les mêmes ſentimens qu'eux. Lorſqu'il apprit ſon arrivée triomphante, il en reſſentit du dépit, même du chagrin; mais il eut aſſez de prudence pour ne pas le faire paroître. Il fut un des premiers à l'aller voir, dans le dessein de se justifier sur ce qui s'étoit passé à l'égard d'Andronique qu'il croyoit morte ou du moins entre les mains des Turcs. En l'abordant, il l'embrassa avec une tendresse affectée, lui dit : « Mon cher Chevalier, le bonheur vous suit partout. Vous arrivez triomphant, & je n'ai eu ni la même gloire, ni la même satisfaction : mais je suis consolé par le plaisir de vous revoir & de me justifier auprès de vous sur le mécontentement que j'ai pu vous causer au sujet de votre belle Grecque. Il est vrai, Monsieur, lui répondit le Chevalier de Tourville, que j'ai été fort sensible à votre procédé, & que je n'ai pas reconnu votre caractere : mais mon mécontentement & mon chagrin se sont calmés par les aventures singulieres

» ſingulieres qui me ſont arrivées. Che-
» valier, repliqua celui de Hocquin-
» cour, ma délicateſſe & mon amitié
» pour vous demandent que je me
» juſtifie ». Il lui raconta tout ce qui s'étoit paſſé à l'égard d'Andronique; mais il étoit fort ſurpris de la tranquillité avec laquelle le Chevalier de Tourville l'écoutoit : il le fut bien davantage lorſqu'il lui dit que ſans ceſſer d'aimer la belle Andronique, il n'étoit plus ſenſible aux malheurs qui lui étoient arrivés; mais il lui expliqua le ſens de ces dernieres paroles, lui dit qu'il avoit tiré Andronique d'entre les mains des Turcs, qu'il l'avoit miſe dans un couvent à Veniſe. Le Chevalier de Hocquincour, qui ſe reprochoit la mort ou l'eſclavage de cette charmante fille, fut ſi charmé de ce qu'il entendoit, qu'il ſe jetta au cou

du Chevalier de Tourville, lui dit : « Vous me donnez la vie : j'étois inconsolable sur la perte de ce charmant enfant, & tourmenté par les » plus vifs remords. J'admire en même tems votre bonheur : je ne crois » pas qu'il y en ait d'égal ; tout vous » réussit & contribue à votre satisfaction. Ce sont des miracles continuels que vous faites ».

En sortant de cette conversation, le Chevalier de Tourville alla rendre ses devoirs au Grand-Maître qui le combla d'amitiés & lui donna les plus grands éloges. Presque tous les Chevaliers lui faisoient leur cour pour aller avec lui lorsqu'il retourneroit en course. Le Chevalier de Hocquincour fut piqué de voir qu'on n'avoit pas les mêmes égards pour lui. Il ne put même si bien cacher son dépit, que M. de Tourville ne s'en apperçût: mais celui-ci, par un excès de générosité, faisoit rejaillir sur de Hocquincour tous les honneurs qu'on lui rendoit. Il ne le quittoit point, lui faisoit continuellement sa cour, & lui rendoit les mêmes devoirs que s'il eût encore été son Volontaire. Le Chevalier de Hocquincour, qui se proposoit de partir bientôt, lui dit un jour, qu'il n'osoit se flatter qu'il seroit de la partie. Le Chevalier de Tourville lui répondit qu'il se feroit toujours honneur de le suivre par-tout & d'être à ses ordres; qu'il le prioit même de lui accorder cette grace. Cruvilier refusa de les accompagner, & le Chevalier de Tourville lui céda le vaisseau de Carini, qui lui appartenoit, avec celui que montoit le Chevalier Morozini. Il ne se réserva que le ſien & celui du Chevalier Marini; ce qui forma, en comprenant celui du Chevalier de Hocquincour, deux ſociétés de trois vaiſſeaux chacune.

Dans ce tems le Chevalier de Tourville reçut une lettre d'Andronique qui lui apprenoit les égards qu'on avoit pour elle, les preſſantes ſollicitations qu'on lui faiſoit pour la déterminer à prendre le voile, & ſon éloignement pour cet état; qu'elle avoit eu bien à combattre, pour modérer la violence de ſon amour; qu'il étoit à préſent moins vif, mais beaucoup plus tendre. Cette lettre réveilla celui du Chevalier: il ſe hâta de lui répondre; lui apprit qu'il avoit trouvé le Chevalier de Hocquincour à Malthe; qu'ils étoient près de retourner en courſe enſemble; qu'après la campagne il feroit ſon poſſible pour la voir.

Lorſque les trois Chevaliers allerent prendre congé du Grand-Maître, il adreſſa par préférence la parole au Chevalier de Tourville, lui dit : « Si vous continuez à combattre com» me vous faites, vous deviendrez la » terreur des Turcs. Votre ſeul nom » ſera les plus grandes forces qu'on » pourra leur oppoſer. Nous ferons » tous des vœux pour vous, afin qu'on » puiſſe bientôt vous revoir ». Les Chevaliers ne quitterent ce Prince que pour ſe rendre ſur le port & mettre à la voile. Ils reſterent plus de deux mois en mer ſans rencontrer d'ennemis. Pendant ce tems le Chevalier de Hocquincour tomba malade & reçut du Chevalier de Tourville des marques d'attention & d'attachement qui ne contribuerent pas peu à ſa guériſon. Il étoit à peine convaleſcent qu'ils rencontrerent ſix vaiſſeaux Algériens; mais, auſſi-tôt que ceux-ci reconnurent les vaiſſeaux Malthois, ils prirent la fuite avec précipitation. Le vaiſſeau du Chevalier de Tourville qui étoit meilleur voilier que les deux autres Malthois, ſerra le plus gros des ſix Algériens; le joignit; lui lâcha une bordée qui le dérangea beaucoup; lui donna le tems de l'approcher & de l'accrocher. Son équipage, accoutumé à vaincre ſous lui, ſe battit avec la hardieſſe & le courage que donne la certitude de vaincre. Les Algériens ſe défendirent en déſeſpérés. Le Chevalier de Hocquincour voyant qu'il ne pouvoit joindre les autres vaiſſeaux ennemis qui avoient beaucoup d'avance ſur lui, reſta ſpectateur du combat, admira le courage & la force du Chevalier de Tourville;

ſe tint cependant prêt à lui donner du ſecours en cas qu'il en eût beſoin. Le Chevalier de Tourville continuoit de combattre; c'étoit un lion en fureur; tout ce qui lui réſiſtoit tomboit ſous ſes coups : par-tout où il ſe préſentoit, ſes gens reprenoient courage & les ennemis plioient : la victoire ne ſembloit lui être diſputée que pour la rendre plus glorieuſe. Les Algériens, ne pouvant plus réſiſter à tant de valeur, ſe rendirent à la fin. Maître de ce vaiſſeau, il y mit quelques-uns de ſes matelots & de ſes pilotes, & envoya propoſer au Chevalier de Hocquincour, comme à ſon Général, de nommer celui qui commanderoit cette nouvelle priſe. Le Chevalier de Hocquincour répondit que cet honneur appartenoit au vainqueur. Après un combat d'honnêteté, les trois Capitaines déciderent d'un commun accord, que ce ſeroit un nommé *Barilly*, Lieutenant de celui du Chevalier de Tourville, comme ayant mérité cet honneur. Leurs forces ſe trouvant de beaucoup augmentées par cette priſe, ils réſolurent de continuer leur courſe : mais le Chevalier de Hocquincour ſe ſentant toujours malade, réſolut de retourner à Malthe pour y rétablir ſa ſanté. Il voulut engager les autres à continuer leur courſe; mais ſes inſtances furent inutiles.

Leur prompt retour à Malthe ſurprit tout le monde; on ne le fut pas moins de les voir arriver avec une nouvelle priſe. Le Chevalier de Tourville fit porter le malade à terre, donna ſes ordres pour qu'on en eût ſoin, & alla rendre compte de ſon voyage au Grand-Maître. Ce Prince lui donna de nouvelles marques de ſon amitié, écouta avec beaucoup d'attention & de plaiſir le détail modeſte qu'il lui fit du combat. Ce Prince lui dit: « La gloire que vous attribuez aux » autres eſt une preuve de celle que » vous méritez ». Ce Prince vouloit lui donner une commanderie de grace; mais pluſieurs Commandeurs lui repréſenterent qu'il feroit tort aux anciens Chevaliers qui avoient, comme lui, rendu de grands ſervices à la Religion, ſans avoir été récompenſés; que le Chevalier de Tourville l'étoit aſſez par les profits que lui procuroient ſes priſes. Le Grand-Maître ne remplit pas ſes intentions, craignant de cauſer du murmure; mais il ſentit que le langage des Commandeurs étoit dicté par la jalouſie. Ce fut un bonheur pour le Chevalier de Tourville de ne pas recevoir cette marque de diſtinction : elle l'auroit attaché à l'Ordre & par conſéquent empêché de parvenir aux honneurs & à la gloire où ſon mérite l'éleva depuis.

Le Chevalier de Hocquincour étoit toujours malade & goûtoit la ſatisfaction de voir que celui de Tourville avoit pour lui les ſoins les plus aſſidus. Il reçut des lettres de Paris, où on lui marquoit que tout le monde vantoit les exploits du Chevalier de Tourville, & on lui en demandoit le détail. Il y répondit & rendit à ce dernier toute la juſtice qui lui étoit due; écrivit même à Monſieur de la Rochefoucault pour le remercier de lui avoir procuré un auſſi grand Officier; lui marqua qu'il avoit commencé par où les autres finissent ordinairement, & fait en peu de tems des actions qui attiroient l'admiration de tout le monde.

Lorsqu'il fut guéri, il se prépara à aller en course avec les Chevaliers de Tourville & Marini, ce qu'il exécuta peu de jours après. Ayant fait une navigation assez longue, ils commençoient à désespérer de rencontrer des vaisseaux Turcs, lorsque le Chevalier Marini, qui étoit en avant, fit signal qu'il découvroit plusieurs voiles & se mit en panne pour attendre les deux autres vaisseaux. On s'apperçut que c'étoient des galeres Turques: on en compta jusqu'à trente-six. Les trois Capitaines Malthois tinrent conseil, pour décider sur le parti qu'ils avoient à prendre: la partie étoit trop inégale pour qu'ils pussent espérer un ſuccès favorable; mais ils ne pouvoient ſe réſoudre à prendre la fuite. Pendant qu'ils étoient à délibérer, ils virent arriver ſur eux les galeres qui les ayant apperçus, s'étoient hâtées d'avancer à force de rames. Alors il ne fut pas queſtion de délibérer, mais de combattre. Chaque Capitaine ſe hâta d'aller donner ſes ordres ſur ſon bord. Le Chevalier de Tourville étoit trop accoutumé à combattre, pour ne pas ſentir qu'il étoit perdu s'il ſe laiſſoit environner; qu'il falloit empêcher l'eſcalade & les coups de main : pour cet effet il fit tenir ſon artillerie toute prête. Les galeres qui l'approcherent lui lâcherent toute la leur mais elles ne lui firent pas beaucoup de mal & approcherent encore. Alors le Chevalier leur répondit par une bordée qui les endommagea beaucoup ; fit à l'inſtant jetter ſur leur bord une quantité prodigieuſe de lances à feu & de grenades : pendant ce tems on faiſoit un feu continuel de mouſqueterie. Les galeres étant à fleur d'eau & à découvert, il y eut peu de coups qui ne portaſſent. Les deux autres Chevaliers firent la même manœuvre. Le combat dura neuf heures, & le feu fut terrible de part & d'autre. Enfin les galeres étant toutes maltraitées dans leurs manœuvres & ayant perdu plus de huit cens hommes, prirent la fuite & ſe retirerent vers le port Dauphin dans l'île de Chio.

Les Malthois, malgré leur victoire, avoient été ſi maltraités qu'il leur fut impoſſible de continuer leur courſe;

ils retournerent à Malthe pour se radouber. Ils y trouverent un grand changement à leur égard. Les Commandeurs & les Chevaliers avoient profité de leur absence pour les desservir auprès du Grand-Maître, qui jusqu'alors leur avoit marqué beaucoup d'estime & d'amitié. Ils lui avoient persuadé que les Chevaliers de Hocquincour & de Tourville n'avoient remporté tant d'avantages que par la valeur des Chevaliers Volontaires qu'ils exposoient au plus grand feu, pendant qu'ils l'évitoient eux-mêmes ; que ces Volontaires qu'on sacrifioit ainsi n'en retiroient ni profit ni honneur, les Chevaliers de Hocquincour & de Tourville réservant tout pour eux ; qu'il étoit de sa justice de protéger ses sujets contre l'oppression. Ce Prince étoit naturellement bon & juste, mais facile à séduire : on ne manqua pas de l'avertir du mauvais état où ils étoient, & de lui insinuer que s'ils avoient été maltraités, c'étoit parce qu'ils avoient peu de Chevaliers avec eux. Les Chevalier de Hocquincour & de Tourville ne virent personne venir leur faire politesse comme autrefois, & se doucherent de ce qui étoit arrivé. Le Chevalier de Hocquincour dit à M. de Tourville : « Je m'apperçois que nous » déplaisons à ceux de ce pays-ci : » allons voir le Grand-Maître, &, si » ce changement à notre égard a passé » jusqu'à lui, nous quitterons, si vous » m'en croyez, ce pays-ci, & *secoue-* » *rons, en partant, la poussiere de* » *nos souliers* ». Ils allerent ensuite voir le Grand-Maître. Lorsqu'ils parurent devant lui, il leur dit : « Messieurs,

» les armes ſont journalieres; la victoire » vous a été juſqu'à preſent favorable; » ſi elle vous a abandonnés dans cette » derniere rencontre, c'eſt pour vous » donner plus de ſatisfaction dans » une autre occaſion ».

Ce compliment & le froid que ce Prince leur marquoit furent une preuve de ſon changement à leur égard. Le Chevalier de Hocquincour, piqué de voir qu'on leur rendoit ſi peu de juſtice, lui dit qu'il étoit mal inſtruit ſur cette derniere affaire, où ils avoient acquis plus de gloire que dans toute autre occaſion, puiſqu'ils avoient ſoutenu un combat de neuf heures contre trente-ſix galeres Turques qu'ils avoient eu l'avantage de battre & de forcer à prendre la fuite, après avoir perdu plus de huit cens hommes. Le Prince fut ſurpris

& leur dit qu'on ne lui avoit pas fait un récit fidèle de cette action; qu'il étoit bien aise d'apprendre par eux-mêmes la nouvelle gloire qu'ils avoient acquise & sur laquelle il leur faisoit son compliment. Ils se retirerent cependant fort mécontens de cette réception.

Le Chevalier de Tourville n'avoit point encore reçu des nouvelles de sa famille, depuis qu'il étoit parti pour ses caravanes: il en reçut cette année, c'étoit en 1664. Elles lui apprirent le mariage de son frere aîné avec Demoiselle Jeanne *le Sauvage*, fille unique de Julien, Seigneur de *Fontenaylle-Marcoul*, de *Vauville*; & de Dame de Cotentin sa parente.

Le Chevalier de Hocquincour & lui, mécontens des Malthois, résolurent de quitter le pavillon de Malthe,

& de continuer leurs courſes contre les Turcs ſous celui de la République de Veniſe. Leur réſolution étant priſe, ils vendirent leurs vaiſſeaux, parce qu'ils étoient inſtruits que cette République eſt dans l'uſage d'en fournir à ceux qui ſervent ſous ſon pavillon; partirent ſur un bâtiment qui les tranſporta à Naples. De là ils ſe rendirent à Rome. Ils avoient envie de voir cette ville célebre. Leur ſéjour y fut aſſez long, parce qu'ils vouloient examiner les antiquités, & qu'ils y attendirent les réponſes aux lettres qu'ils avoient écrites à Paris. Le Chevalier de Tourville écrivit à Andronique, pour lui apprendre le projet que ſon ami & lui avoient formé d'aller à Veniſe, & l'aſſurer de l'impatience qu'il avoit de la revoir. Pendant leur ſéjour à Rome, il arriva au

Chevalier de Tourville quelques aventures galantes dont le détail eſt peu intéreſſant. Le Chevalier de Tourville s'impatientoit de ne point recevoir de réponſe à la lettre qu'il avoit écrite à ſa chere Andronique, & deſiroit de ſe rendre à Veniſe. Enfin ſon ami reçut des nouvelles de Paris. Ils partirent. Son premier ſoin, en arrivant à Veniſe, fut d'aller au couvent où étoit Andronique. On lui dit qu'elle en étoit ſortie depuis ſix mois; qu'elle étoit mariée. La conſternation où il tomba ne peut ſe peindre: il demanda d'un ſon de voix étouffé, avec qui? *Avec un Sénateur*, lui répondit-on, *l'un des premiers de cette ville.* Il demanda enſuite à voir la Supérieure, eſpérant en ſavoir par elle des nouvelles plus particulieres. Elle eut la complaiſance de venir lui parler, lui demanda ce qu'il avoit à lui dire. « Vous aviez, Madame, lui répon» dit-il, dans votre couvent une jeune » Demoiselle appellée Andronique, » dont le pere eſt mort dans mes » bras & me chargea du ſoin de ſes » affaires. Je ſuis venu pour la voir, » comptant qu'elle étoit encore ici. » On vient de me dire qu'elle n'y eſt » plus depuis ſix mois & qu'elle eſt » mariée. J'ai pris la liberté de vous » demander, eſpérant que vous vou» driez bien avoir la bonté de m'en » donner des nouvelles plus particu» lieres. Il eſt vrai, répondit-elle, que » nous avons eu ici la Signora An» dronica, dont nous avons tout lieu » de nous louer. Sa piété & ſes quali» tés du cœur nous ont édifiées. Dieu » l'a récompenſée par un mariage des » plus avantageux. Elle s'en éloignoit

» d'abord; mais la raiſon & tout ce » qu'on lui a dit, l'ont enfin déterminée à y conſentir.

» C'eſt depuis ſix mois qu'elle eſt » mariée, comme on vous l'a dit: » elle vient me voir très-ſouvent. » Puiſque vous étiez un des amis de » ſon pere & chargé de ſes affaires, » je lui ferai connoître la premiere » fois qu'elle viendra, la ſurpriſe où » vous avez été de ne pas la trouver » ici, & le deſir que vous avez de la » voir. J'aurai ſoin de vous faire ſa» voir ce qu'elle m'aura répondu, ſi » vous m'apprenez votre nom & vo» tre demeure ».

Le Chevalier put à peine ſoutenir cette converſation : il remercia la Supérieure, lui donna ſon nom, ſon adreſſe, & ſe retira pénétré de la plus vive douleur. Lorſqu'il fut de retour chez lui, il ſe retira dans ſa chambre; ordonna qu'on n'y laiſſât entrer perſonne; s'abandonna au déſeſpoir; accuſa Andronique de légéreté, d'inconſtance; ſe livra contr'elle à toute la fureur d'un amant irrité. Il étoit dans cet état lorſqu'on frappa à ſa porte de la part du Chevalier de Hocquincour qui le faiſoit chercher partout. Il vouloit le mener avec lui voir l'Ambaſſadeur de France, qui étoit ſon proche parent. Le Chevalier de Tourville ſentit ce que ſon devoir demandoit de lui: il ſe calma & accompagna ſon ami chez le Miniſtre, qui leur marqua toute la conſidération qu'ils méritoient.

Le Chevalier de Tourville avoit la prudence de faire paroître de la ſérénité à l'extérieur; mais le chagrin déchiroit ſon cœur: l'impatience de ne point recevoir des nouvelles de la Supérieure le tourmentoit encore : mais, au bout de deux jours, une fille vint de la part de cette Religieuse le prier de passer au couvent parce qu'elle desiroit de lui parler. Il se hâta de s'y rendre. « Vous voyez, lui dit-elle, mon exactitude à tenir ma parole. La Signora » Andronica vint me voir hier : je » lui dis que vous étiez venu demander de ses nouvelles. En entendant » prononcer votre nom, elle rougit, » parut toute émue, & s'écria avec » un air de surprise : quoi, il n'est » donc pas mort ! on m'avoit assuré » qu'il avoit péri avec le Chevalier » de Hocquincour : je suis bien satisfaite que cela ne soit pas vrai. Je » voudrois bien le voir pour m'entretenir avec lui sur mes affaires ; » mais vous savez combien j'ai de

» précautions à prendre pour ne pas » causer de jalousie à mon mari.

» Après avoir cherché le moyen le » plus sûr pour qu'elle pût vous voir » sans danger, nous sommes conve- » nues qu'elle prieroit son mari de » permettre qu'elle vienne demain pas- » ser la journée avec moi ; ainsi, Mon- » sieur, si vous voulez vous y ren- » dre immédiatement après votre dî- » ner, vous pourrez vous entretenir » librement & en toute sûreté avec » elle ». Il la remercia de ses bontés & promit de s'y rendre au tems marqué. Ce que la Supérieure lui avoit dit justifia Andronique dans son cœur & calma son chagrin. Le lendemain il alla au couvent, demanda la Supérieure : une Religieuse se présenta, lui ouvrit la porte du parloir, le fit entrer, & la referma soigneusement.

Un

Un inſtant après, il vit paroître Andronique : il la trouva plus belle que jamais : ſon cœur fut ſaiſi de joie en la voyant ; mais il fut accablé de la plus vive douleur, lorſqu'il vint à réfléchir qu'elle n'étoit plus à elle, qu'elle n'étoit pas à lui. L'agitation où il ſe trouva l'empêcha d'articuler un ſeul mot. Andronique n'étoit pas dans une ſituation plus tranquille, mais elle fit un effort ſur elle-même & lui dit : « La joie que j'ai de vous » voir, après les larmes que m'a fait » verſer la nouvelle de votre mort, » ſeroit complette, ſi le nœud que » j'ai contracté ne me forçoit d'impo- » ſer ſilence à tous les ſentimens de » mon cœur.

» Pourquoi ne m'avez-vous pas » donné de vos nouvelles ? Votre ſi- » lence me confirma dans une fatale

» persuasion qui pensa me causer la » mort, & me fera essuyer le reste de » ma vie les plus cruels tourmens ». Ses larmes & ses soupirs annoncerent la sincérité de son langage.

Le Chevalier s'attendrit lui-même; lui apprit qu'il lui avoit écrit de Malthe & de Rome; ajouta qu'il ne pouvoit comprendre pourquoi ses lettres ne lui avoient point été rendues. Ils se livrerent tous deux aux regrets, qui ne firent qu'enflammer leur mutuelle tendresse. Il la pria de lui faire connoître les détails de son mariage. Andronique lui répondit: « Je vais le faire pour me justifier » dans votre esprit. A peine fus-je » entrée dans ce couvent, que je res- » sentis la plus vive douleur de m'être » séparée de vous. Si j'avois suivi les » mouvemens de mon cœur, j'en

» serois sortie pour voler promptement sur vos pas ; mais une fatale pudeur me fit craindre de montrer trop à découvert ma foiblesse pour vous. Les raisons qui m'avoient engagée à prendre ce parti me revenoient à l'esprit ; elles m'engagerent à vous écrire de ne pas venir me voir. Je brûlois d'amour pour vous ; je me défiois de ma foiblesse, & craignois qu'au lieu de vous dire adieu, je ne vous disse : je vous suis.

» Vous partîtes enfin, cher Chevalier : que notre séparation fut cruelle pour moi ! Plusieurs nuits se passerent sans que je pusse prendre de repos : je me refusois toute espece de nourriture. La Supérieure, voyant que j'étois d'une maigreur extrême, se persuada que j'étois malade : elle

» appella un Médecin ; mais ce n'étoit » pas celui qu'il me falloit ; je refusai de prendre ses remedes. Le tems » diminua cependant ma douleur : » l'affection que la Supérieure prit » pour moi acheva de les calmer, » sans cependant les éteindre. Elle » vouloit que je fusse toujours auprès » d'elle, & m'engageoit souvent à » la suivre au parloir. Elle est fort » gaie & fort aimable lorsqu'elle se » trouve avec des gens de sa con» noissance ; mais elle affecte un air » froid & sérieux qu'elle croit devoir » à sa qualité de Supérieure. Elle au» roit souhaité que je me fisse Reli» gieuse, pour que je me trouvasse » dans le cas de passer le reste de » mes jours avec elle, & fit tout ce » qu'elle put pour m'y engager ; mais » elle s'apperçut que j'avois une

» répugnance invincible pour cet état,
» & cessa de me faire des instances
» à ce sujet. Elle me fit faire con-
» noissance avec une de ses amies
» qu'elle avoit prévenue en ma faveur.
» Un jour qu'elle étoit au parloir avec
» cette Dame, elle me fit appeller &
» m'engagea à prendre un siége auprès
» d'elle. On mit la conversation sur
» moi & l'on me demanda quelle étoit
» ma famille & quel âge j'avois? Il
» se trouva que l'amie de la Supé-
» rieure avoit connu mon pere &
» ma mere dans le séjour qu'ils avoient
» fait à Venise. Elle me parla beau-
» coup de son frere qui avoit été fort
» lié avec eux; me proposa de me
» le présenter; & l'amena avec elle
» peu de jours après, quoique je ne
» lui eusse témoigné aucune envie de
» le voir: c'étoit un Sénateur.

» Je le reçus avec politesse, mais » avec froideur. Quelques jours après » il revint avec sa sœur, & je remar- » quai dans cette seconde visite qu'il » avoit toujours les yeux attachés » sur moi, ce qui me fit soupçon- » ner un commencement de passion » que je cherchai d'abord à détruire » par les manieres froides que j'affec- » tai d'avoir avec lui : j'évitois même » les occasions de le voir. Ce fut en » vain : sa passion, quoique naissante, » étoit trop vive pour pouvoir s'étein- » dre si facilement. Je pris la résolu- » tion de ne le plus voir ; mais les » instances de sa sœur & de la Su- » périeure qui entroit dans leur idée, » par de bonnes intentions pour moi, » me firent changer de sentiment.

» Il me fit un jour l'aveu de son » amour ; mais je ne lui répondis

» qu'avec froideur : il ne se rebuta
» cependant pas & mit toute son
» espérance dans sa sœur. Depuis ce
» tems elle ne cessa de me parler des
» sentimens de son frere pour moi ;
» ses tentatives étoient inutiles ; mon
» cœur étoit tout à vous ; je ne sou-
» pirois que pour vous & murmurois
» en secret de n'avoir pas de vos nou-
» velles. J'étois dans cette situation,
» lorsque le bruit se répandit à Ve-
» nise qu'il y avoit eu un combat na-
» val des plus terribles dans l'Archi-
» pel, & où vous aviez péri avec le
» Chevalier de Hocquincour. A cette
» nouvelle je fus frappée comme d'un
» coup de foudre : je voulus en vain
» cacher ma douleur, je m'évanouis,
» après avoir poussé un grand cri. On
» vint à mon secours, & ce ne fut qu'a-
» vec beaucoup de peine qu'on me fit

» revenir. Je restai plusieurs mois dans » un état de langueur qui fit craindre » pour ma vie. Le jour on cherchoit » à me donner de la consolation; mais » je n'en trouvois que la nuit, où je » pouvois penser à vous en liberté » & laisser aller le cours de mes lar- » mes.

» Lorsque le Sénateur apprit ma » situation, il en fut pénétré de dou- » leur. Si-tôt qu'il fut instruit du ré- » tablissement de ma santé, il enga- » gea sa sœur à venir au couvent avec » lui, pour me faire des propositions » de mariage & joindre ses instances » aux siennes.

» Sa sœur en parla d'abord à la Su- » périeure qui lui promit de la secon- » der de tout son pouvoir. Dès le soir » même, elle me rendit compte de » la visite de son amie & de la pro-

» messe qu'elle lui avoit faite. Je lui
» répondis que j'étois trop attachée
» à la liberté pour la sacrifier à un
» homme pour lequel je n'avois aucun
» penchant. Elle me représenta que,
» n'ayant point de vocation pour la
» vie monastique, je ne pouvois me
» dispenser de me marier, parce qu'en
» restant fille, il faudroit que je pas-
» sasse toute ma vie dans un couvent
» pour éviter les dangers auxquels la
» jeunesse & la beauté ne pouvoient
» manquer de m'exposer; que je de-
» vois profiter de l'occasion avanta-
» geuse qui se présentoit; que celui
» qui me recherchoit, quoique d'un
» âge aussi peu avancé, n'avoit rien
» de rebutant; qu'il étoit bien fait,
» avoit beaucoup d'esprit, étoit un
» des plus riches & des plus grands
» Seigneurs de Venise; enfin, que je

» commettrois une grande impru-
» dence en le refusant, & que je
» pourrois m'en repentir tout le reste
» de ma vie. Ces raisons m'ébranlerent,
» mais ne me déterminerent pas. Je
» lui dis que la chose étoit trop sé-
» rieuse pour prendre un parti sur le
» champ. Je lui demandai vingt-qua-
» tre heures pour faire mes réflexions;
» lui promis qu'au bout de ce tems je
» lui ferois part de la résolution que
» j'aurois prise. J'inclinois pour le ma-
» riage, parce que je sentois que c'étoit
» l'unique parti que j'avois à prendre,
» n'ayant nul goût pour la vie re-
» ligieuse; mais votre image se pré-
» sentoit à mon esprit & me repro-
» choit mon infidélité. Cependant sur
» la nouvelle de votre mort, que vo-
» tre silence confirmoit, je me disois,
» en pleurant: il est mort, que devien-

» drai-je ? J'ai perdu tout ce que j'avois » de plus cher au monde & pour lequel j'avois tout sacrifié. Me voilà » livrée à moi-même, à mille dangers » & aux chagrins les plus cuisans.

» Enfin je me déterminai insensiblement à épouser le frere de l'amie » de la Supérieure. Je dis à celle-ci » que ses conseils avoient fait impression sur moi ; que je consentirois à » ce mariage, sous des conditions que » ma délicatesse m'obligeoit de proposer avant de donner ma parole. » La Supérieure m'embrassa de joie, » m'assura que le Sénateur accepteroit toutes celles que je voudrois » lui proposer. Son amie vint la voir » le lendemain : elle connut mes intentions, alla en faire part à son » frere. Ils revinrent tous deux : son » frere m'exprima dans les termes les

» plus honnêtes & les plus tendres
» la satisfaction que lui causoit mon
» consentement. Je lui répondis que
» je ne lui donnerois une parole po-
» sitive, que quand il auroit consenti
» à ce que je voulois exiger de lui. Par-
» lez, Andronique, reprit-il, je ferai
» tout ce que vous voudrez.

» Faites attention, continuai-je,
» que votre amour a été trop prompt
» & trop vif, pour que je puisse espé-
» rer qu'il sera durable. Lorsque nous
» serons mariés, il pourra cesser, & le
» repentir de m'avoir épousée en pren-
» dra la place. Vous deviendrez mal-
» heureux & moi bien plus que vous,
» puisque j'en serai la victime. Pour
» éviter ce malheur, il est de mon in-
» térêt & du vôtre que j'examine la
» solidité de votre tendresse pour moi.
» Ainsi je vous demande une année de

» délai, pendant laquelle vous ne
» viendrez me voir qu'une fois par
» ſemaine. Si vous pouvez m'accor-
» der cette épreuve, je ſerai alors con-
» vaincue de la ſolidité de vos ſentimens,
» & vous me trouverez autant d'em-
» preſſement à m'unir à vous que vous
» en aurez de vous unir à moi : mais
» ſi vous ne vous ſentez pas capable
» de la ſoutenir, ce ſera une marque
» certaine de votre inconſtance, &
» qui prouvera la ſageſſe des pré-
» cautions que je prends aujourd'hui.
» Ce langage ſurprit beaucoup la Su-
» périeure & ſon amie : le Sénateur
» reſta comme interdit. Revenu de ſa
» ſurpriſe, il me dit : Je ne m'attendois
» point à eſſuyer un noviciat ſi long :
» je comptois toucher au moment de
» mon bonheur, ſon éloignement au-
» gmente mon chagrin. Cependant,

» s'il le faut pour vous prouver la » sincérité de mes sentimens, je m'y » soumets, quoi qu'il en coûte à mon » cœur ; mais la grace que je vous » demande, c'est de vouloir bien » adoucir un peu la rigueur de mes » peines, d'abréger mon noviciat à » six mois, & de souffrir que j'aie le » plaisir de vous voir trois fois par » semaine.

» Je ne voulus me relâcher sur » aucune des conditions que j'avois » mises à mon mariage avec lui, & » il les remplit toutes. J'espérois qu'a» vec le tems sa passion diminueroit; » mais je me trompai : elle augmen» toit chaque jour, & j'y étois in» sensible. L'année étant enfin ré» volue, & n'ayant aucune nouvelle » de vous, je m'unis à lui. Je ne puis » vous peindre sa joie : pour moi j'étois

» dans un état à n'en prendre guère ; » je sentois qu'il manquoit quelque » chose à mon cœur. Ses soins em- » pressés, sa douceur, sa complaisance » auroient rendu une autre que moi » très-heureuse. La reconnoissance » commençoit cependant à faire im- » pression sur mon cœur & à me faire » goûter mon bonheur lorsque vous » êtes arrivé. Votre résurrection me » fait un plaisir extrême : elle réveille » toute ma tendresse pour vous, & me » rendra malheureuse le reste de ma » vie ». Ils se firent de tendres repro- ches qui furent accompagnés de lar- mes. Le tems avoit passé bien rapi- dement ; l'heure à laquelle Andro- nique devoit se retirer étoit arrivée ; elle se retira ; mais elle lui promit de le revoir au même lieu & de le faire avertir quand il pourroit s'y rendre.

Le Chevalier de Tourville alla rejoindre celui de Hocquincour : ils se rendirent chez le Doge, le trouverent déjà prévenu de leur arrivée : il les reçut avec accueil ; leur dit que la République seroit flattée d'avoir à son service deux personnes d'un mérite aussi distingué que le leur & dont on entendoit tous les jours vanter les exploits. Ils le prierent de leur procurer à chacun un vaisseau pour croiser à l'embouchure du golfe de Venise où les Turcs se tenoient souvent en embuscade. Le Doge répondit qu'il croyoit que le Sénat leur accorderoit cette demande avec une entiere satisfaction.

Le Chevalier de Tourville, livré tout entier à la douleur de se voir, pour jamais séparé de l'unique objet de sa tendresse, ne goûtoit aucun de ces plaisirs qui sont si communs & si variés dans cette célebre ville. Il attendoit avec impatience des nouvelles d'Andronique, & en reçut, au bout de quelques jours, la lettre suivante : « Il faut, cher Chevalier, nous » priver de nous voir & faire des ef-» forts pour nous oublier l'un l'autre. » Votre sûreté & la mienne le de-» mandent ; même mon repos qui a » été troublé par notre derniere en-» trevue. Tant que j'ai été libre, j'ai » suivi le doux penchant qui m'en-» traînoit vers vous ; aujourd'hui l'en-» gagement que j'ai contracté me force » de vaincre les sentimens de mon » cœur. Ne m'en sachez pas mauvais » gré : si vous saviez ce qu'il m'en » coûte, vous en seriez touché. Les ef-» forts que je fais sur moi-même pour » vous oublier, m'ôteront peut-être

» la vie : l'amour & le devoir com-
» battent dans mon cœur. En vous
» priant de m'obéir, je crains votre
» obéissance ; cependant il le faut ;
» mon honneur exige ce sacrifice de
» vous. C'est la derniere grace que je
» vous demande. Pour votre tran-
» quillité, ne songez plus à une fem-
» me qui seroit trop heureuse s'il lui
» étoit permis de vous aimer aussi
» tendrement qu'elle le fait. Adieu :
» qu'il m'en coûte pour vous écrire
» ce mot »!

Cette lettre fut accablante pour le Chevalier. Il voyoit qu'Andronique l'aimoit encore & qu'elle sacrifioit son devoir à son amour : son estime pour elle augmentoit & son cœur s'enflammoit. Le Carnaval commença alors : les Chevaliers résolurent de rester à Venise tant qu'il dureroit, pour y voir ces fêtes & ces divertissemens si vantés dans toute l'Europe. Lorsqu'il fut passé, le Doge fit avertir les deux Chevaliers que le Sénat avoit accepté leurs offres & que les deux vaisseaux qu'on leur destinoit étoient prêts. Ils allerent lui rendre leurs hommages & partirent le 15 Juin 1665. Ils resterent encore jusqu'au mois de Septembre sans rencontrer un seul vaisseau Turc. Ils se proposoient de rentrer, lorsqu'ils entendirent un bruit de canon assez considérable : ils avancerent vers l'endroit d'où il venoit; apperçurent de loin deux vaisseaux qui se battoient contre trois : en approchant, ils reconnurent que c'étoient trois vaisseaux marchands Vénitiens qui se défendoient contre deux Corsaires Turcs. Ils firent force de voiles pour aller au secours des Vénitiens, &

arriverent au moment qu'ils alloient se rendre. Les Turcs regardant pour rien les trois vaisseaux marchands qu'ils avoient désemparés, se préparerent au combat. Les Chevaliers, en arrivant, firent ranger derriere eux les trois vaisseaux marchands. Le plus fort des deux vaisseaux Turcs avança contre celui du Chevalier de Tourville, lui lâcha sa bordée : lorsque le Chevalier fut à la portée du pistolet, il lui lâcha la sienne ; le dérangea un peu ; revira ensuite, lui lâcha la seconde ; tua un nombre considérable de Turcs & abattit le grand mât. Alors les Turcs sentirent qu'ils n'avoient d'autre ressource que l'abordage ; mais le Chevalier les repoussa ; fit faire sur eux un feu continuel d'artillerie & de mousqueterie ; leur tua encore beaucoup de monde. Il fit ensuite passer sur son bord tout ce qui se trouva sur les vaisseaux marchands en état de combattre, & laissa les Turcs monter à l'abordage. Le carnage devint horrible; le Chevalier renversoit, à son ordinaire, tout ce qui se trouvoit devant lui. Les Turcs ne pouvant lui résister, mirent les armes bas. Le Capitaine Turc qui étoit resté sur son bord, fit promptement couper les amares & prit la fuite. Le Chevalier de Tourville étoit en trop mauvais état pour le poursuivre, il le laissa aller. Le Chevalier de Hocquincour coula à fond celui contre lequel il avoit affaire. Le combat étant achevé, les deux Chevaliers se radouberent, escorterent ensuite les vaisseaux marchands. En les quittant, le Chevalier de Tourville leur remit tous les prisonniers Turcs qu'il avoit faits; les chargea de les présenter de sa part au Doge, de lui rendre compte du combat, & de lui dire qu'ils continueroient leur course tout le tems qu'ils pourroient tenir la mer. Ils resterent environ deux mois sans rien rencontrer : mais le 28 Novembre, au sortir d'une nuit très-obscure, ils se trouverent près de vingt-six galeres Turques. On se prépara de part & d'autre au combat : le feu fut terrible : enfin au bout de quelques heures, les galeres, ne pouvant plus résister au canon des Chevaliers, prirent la fuite. Ceux-ci, ayant été fort endommagés, allerent relâcher à Zante qui appartenoit à la République, dans le dessein d'y attendre que le tems fût favorable pour remettre en mer. Le Provéditeur étoit instruit de leur premier combat. Il les reçut avec la plus grand accueil, les engagea à loger à la forteresse & à accepter sa table.

Ils resterent dans cette île jusqu'au premier Mai, qu'ils mirent à la voile. Le 3 Juin ils essuyerent une tempête terrible qui les sépara. Le lendemain, à la pointe du jour, le Chevalier apperçut un vaisseau qu'il crut être celui du Chevalier de Hocquincour; mais, en approchant, il vit que c'étoit un vaisseau Turc que la tempête avoit écarté de sa conserve. Quoiqu'il eût beaucoup souffert, il résolut de l'attaquer, étant persuadé qu'il n'étoit pas en meilleur état que lui. Le vaisseau Turc se défendit d'abord avec beaucoup de courage: il espéroit que les siens, avertis par le bruit du canon, viendroient à son secours. Le Chevalier fit des efforts incroyables: son exemple animoit les siens;

les Turcs furent enfin obligés de ſe rendre. Ayant trouvé ce vaiſſeau fort maltraité, & voyant que le ſien l'étoit auſſi, il réſolut d'aller les faire radouber à Zante; mais il rencontra dans ſon chemin le Chevalier de Hocquincour qui lui conſeilla de venir avec lui à Veniſe, ce qu'il fit. En arrivant ils allerent ſaluer le Doge qui les reçut avec les plus grandes marques de diſtinction, leur offrit, de la part du Sénat, de les affilier à Saint-Marc, honneur qu'on n'accorde qu'à des gens de la premiere qualité & d'un mérite diſtingué. Ils n'accepterent pas cet honneur, parce qu'ils vouloient reſter maîtres de quitter le ſervice de Veniſe quand ils le jugeroient à propos.

Le Chevalier de Tourville reçut, peu de tems après ſon arrivée à Veniſe, des

des lettres de ſa mere qui le prioit avec inſtances, de repaſſer en France; lui expoſoit que la réputation qu'il s'étoit acquiſe dans le Levant lui feroit aiſément obtenir une place digne de ſon mérite; qu'il auroit occaſion de s'avancer; que l'état de Corſaire ne le conduiroit à rien. Enfin elle le pria de donner cette ſatisfaction à une mere qui l'avoit toujours aimé tendrement. Il montra cette lettre au Chevalier de Hocquincour, qui, contre ſon inclination, l'engagea à ſe rendre aux vœux de ſa mere.

La réſolution du Chevalier de Tourville étant priſe, il alla prendre congé du Doge qui lui marqua beaucoup de chagrin, lui dit qu'avant ſon départ, la République lui donneroit des marques de ſon eſtime. Peu de jours après, il lui envoya un certificat des ſervices qu'il avoit rendus à la République. On l'y qualifioit de Protecteur du commerce maritime, d'invincible, & on finissoit par ces mots: *&, pour marque de notre estime, nous souhaitons à ce valeureux Chevalier honneur & gloire dans tous les lieux où il portera ses armes.* Ce certificat étoit accompagné d'une médaille avec une chaîne d'or, dont la République lui faisoit présent. La veille de son départ, il alla dire adieu à ceux de son équipage, qui lui marquerent tous qu'ils avoient beaucoup de regret de le perdre. Le Chevalier de Hocquincour fut très-affligé de le voir partir : il lui assura qu'il ne tarderoit pas à le suivre, parce que le métier de Corsaire commencoit à lui déplaire. Il repassa effectivement en France, obtint un Régiment de Dragons & fut tué en 1675 à l'affaire de Gamshauſſen, où il commandoit les Dragons.

Le Chevalier de Tourville partit de Veniſe vers la fin de Septembre *1666*; ſe rendit à Lyon où il ſéjourna près de trois mois pour rétablir ſa ſanté qui étoit en fort mauvais état. Lorſqu'il fut arrivé à Paris, ſon premier ſoin fut d'aller voir M. de la Rochefoucault qui le reçut avec les marques de la plus parfaite amitié; lui dit que ſes exploits contre les Turcs faiſoient grand bruit à la Cour; qu'on en avoit parlé au Roi, qui avoit pris plaiſir à les entendre raconter. Il lui conſeilla de profiter de la réputation qu'il avoit acquiſe, pour obtenir de l'emploi en France où il pourroit s'avancer, puiſque Sa Majeſté étoit déjà prévenue en ſa faveur; ajouta qu'il le préſenteroit. Le jour étant pris, il se rendit à Saint-Germain-en-Laye, où étoit la Cour. Sa Majesté lui fit accueil; témoigna de voir avec plaisir un homme dont on lui avoit parlé avec tant d'éloges; le questionna sur la maniere de combattre en mer contre les Turcs. Elle l'écouta avec attention; fit l'éloge de son esprit & de son jugement; lui dit ensuite qu'elle vouloit le fixer à son service. Le Chevalier répondit à Sa Majesté qu'il seroit au comble de ses vœux s'il pouvoit sacrifier sa vie pour elle. Quelques jours après on le nomma Capitaine de vaisseau; ce fut en 1667. Il fut très-flatté d'être attaché au service de France: mais il n'eut pas la satisfaction d'être employé cette année. Le Roi avoit fait la paix avec l'Angleterre, la Hollande & le Danemarck: il ne fut occupé qu'à faire la guerre contre l'Espagne. A la mort de Philippe IV, il voulût soutenir les droits de la Reine de France sur le Duché de Brabant, les Seigneuries de Malines, d'Anvers, de la Haute-Gueldre, Namur, Limbourg & les places unies, sur le Henault, l'Artois, Cambray, le Comté de Bourgogne, le Duché de Luxembourg, & le fort de la guerre fut porté dans ces pays.

Le Chevalier de Tourville profita de l'oisiveté où il se trouvoit pour aller voir sa mere & son frere, qui le reçurent avec de grandes démonstrations de joie. Il passa auprès d'eux le reste de l'année. Ayant appris qu'on parloit d'envoyer du secours à Candie, il se rendit à la Cour pour tâcher d'obtenir de l'emploi; mais l'armement n'eut pas lieu. Le Roi nomma dans ce tems Maréchaux de France les Marquis de Créquy, de Bellefonds & d'Humieres. Le jour qu'ils devoient prêter ſerment, le Chevalier de Tourville, qui avoit envie de voir cette cérémonie, ſe rendit dans l'antichambre du Roi pour attendre le moment où elle ſe feroit. M. de Château-Regnaut, qui étoit un jeune Officier de marine, s'approcha de lui, pour l'engager à aller enſemble faire leur cour au Miniſtre. Le Chevalier de Tourville lui dit qu'il avoit envie de voir prêter le ſerment aux nouveaux Maréchaux de France. « Nous manquerons nôtre Miniſtre, reprit M. de Château-Regnaut, pour nous être amuſés à voir une cérémonie qui ne doit pas nous intéreſſer, car, ſelon toutes les apparences, nous ne pouvons nous flatter, ni vous ni moi, de parvenir à cette

» dignité. Pourquoi non, répondit » le Chevalier de Tourville? il faut » toujours avoir en vue le plus haut » degré dans la route que l'on suit, » le desirer avec ardeur, & faire tout » ce qui dépend de nous pour pou- » voir un jour l'obtenir. Cette maxi- » me, reprit M. de Château-Regnaut, » est bonne à suivre pour ceux qui » servent sur terre; mais nous autres » marins, nous ne pouvons nous flat- » ter d'un pareil honneur, & j'y compte » si peu pour vous & pour moi, que » je crois ne rien hasarder de vous » promettre un diamant, lorsque vous » serez Maréchal de France: vous ne » risquez pas davantage de m'en pro- » mettre un lorsque je le serai ». Le Chevalier de Tourville accepta la proposition, & la suite prouva que M. de Château-Regnaut avoit tort de ne pas élever ses espérances plus haut qu'il ne faisoit.

Louis XIV, qui venoit de donner la paix à son Royaume, travailloit à en faire goûter les fruits à son peuple : il diminua considérablement les impôts ; s'occupa du soin de rétablir la marine ; fit construire un grand nombre de vaisseaux ; mit des magasins dans ses ports. Le Chevalier de Tourville étoit au comble de ses vœux de se voir au service de ce grand Prince : il ne quittoit point la Cour, pour n'être pas oublié si on faisoit quelque armement.

Le Roi, sollicité par le Pape, se détermina enfin à envoyer du secours à Candie que les Turcs assiégeoient depuis vingt-quatre ans. Le Chevalier de Tourville fit agir ses protections auprès du Ministre pour n'être pas oublié : mais ces précautions étoient inutiles. Le Roi, en nommant les Officiers qui devoient être employés dans cet armement se souvint de lui, dit au Ministre de la Marine : « Le Chevalier de Tourville » a souvent battu les Turcs ; il sait » comment il faut les attaquer : il » est bon qu'il soit de cette expédi» tion ». Il le nomma sur le champ pour commander un des vaisseaux. Le Ministre l'en instruisit lui-même, en lui rapportant les termes de Sa Majesté. Le Chevalier se rendit chez le Duc de Beaufort, alors Amiral, qui devoit commander la flotte ; partit promptement pour Toulon ; tint son vaisseau en état de mettre à la voile si-tôt que l'Amiral donneroit ses ordres. M. de Navailles qui devoit commander les troupes de débarquement,

& M. le Duc de Beaufort arriverent à Toulon peu après le Chevalier. Le premier fit la revue des troupes qui consistoient en douze régimens d'infanterie, un détachement de cinquante Mousquetaires, un autre de Gardes-Françoises. Le Duc de Beaufort fit aussi celle des troupes de la Marine & des équipages de la flotte. On mit à la voile le 5 Juin. La navigation fut si heureuse qu'on arriva devant Candie le 19 du même mois.

Morozini qui commandoit dans la place pour les Vénitiens, les fit saluer de toute son artillerie. Il envoya ensuite faire des complimens au Duc de Beaufort & à M. de Navailles, & demander des troupes à ce dernier pour monter la garde. Dès la nuit même M. de Navailles alla voir cet Officier & visiter avec lui les deux attaques. Il trouva celle du bastion S. André fort avancée : il y avoit plus de trois mille Turcs logés dessus. A celle du quartier de la Sabionniere, les ennemis avoient conduit la tranchée jusqu'au pied d'un bastion & fait une brêche où trente hommes de front pouvoient passer. Il alla ensuite reconnoître la position du corps de l'armée Turque ; remarqua que le gros de leurs troupes étoit posté au quartier Saint-André, & qu'à celui de la Sabionniere, qui étoit fort éloigné, il n'y avoit que dix mille hommes. Voyant qu'il étoit absolument nécessaire de rendre le port libre, il ne trouva d'autre moyen que d'attaquer les Infideles de ce dernier côté, parce que, si l'on pouvoit les en chasser, on viendroit plus facilement à bout d'attaquer le quartier

Saint-André. Il s'apperçut en même-tems que les Turcs ſe retranchoient avec ſoin de ce côté, qu'ils y avoient déja élevé deux redoutes, & prit la réſolution d'en former l'attaque, avant qu'ils euſſent raſſemblé leur cavalerie qui étoit diſperſée. Il communiqua ſon projet au Général Morozini qui lui promit trois mille hommes. L'attaque étant réſolue, M. de Navailles voulut ſurprendre les ennemis, preſſa le débarquement. Ses préparatifs étant faits, il demanda à Morozini les trois mille hommes qu'il lui avoit promis; mais Morozini les lui refuſa, diſant qu'il ne vouloit pas affoiblir ſa garniſon. Le Duc de Beaufort lui donna quinze cens hommes de la Marine & promit de faire tirer le canon des vaiſſeaux ſur les deux attaques des Turcs.

Si-tôt qu'il fut nuit, M. de Navailles se mit dans une chaloupe pour aller examiner le camp des Turcs par le derriere, où il avoit résolu de les attaquer : il alla ensuite reconnoître le fort Demetry par lequel il vouloit faire sortir les troupes, forma sa disposition dans l'ordre suivant. Il posta le corps de bataille sur une hauteur, entre les deux camps des ennemis, pour en empêcher la communication. Il mit entre la premiere & la seconde ligne les cinquante Mousquetaires & cent Officiers réformés qui l'avoient suivi dans cette expédition. Les troupes de la Marine, à la tête desquelles se mit le Duc de Beaufort, sortirent par la gauche de la Sabionniere, où l'on avoit pratiqué deux ouvertures pour faciliter la sortie. M. de Navailles avoit, en outre, pris de justes précautions pour la retraite, en cas qu'on y fût forcé. Il avoit placé plusieurs piéces de canon dans le fort Demetry & posté deux bataillons de la Marine à cinquante pas de la contrescarpe. Le Duc de Beaufort avoit pris avec lui tous les Officiers subalternes de la flotte, & défendu aux Capitaines de quitter leur bord, ce qui fit beaucoup de peine au Chevalier de Tourville qui desiroit d'être de l'attaque.

Tout étant disposé, M. de Navailles fit sortir les troupes par les deux ouvertures, leur recommanda le silence. Elles marcherent pendant une partie de la nuit, passerent, sans être découvertes, par un défilé qui étoit assez près des ennemis; arriverent dans une petite plaine à la pointe du jour ; s'y mirent en bataille. Les premiers rangs, ne ſe trouvant qu'à la portée du mouſquet des ennemis, marcherent droit à eux, quoiqu'ils fiſſent un feu terrible. Ils les attaquerent avec tant de vigueur, qu'ils les culbuterent les uns ſur les autres. La plus grande partie des Turcs ſe retira en déſordre ſur une montagne voiſine ; une aſſez grande quantité ſe précipita dans la mer. Le Duc de Beaufort croyant la victoire aſſurée, & qu'il étoit inutile de garder ſon poſte, le quitta pour joindre M. de Navailles. Il rencontra un gros de Turcs qui preſſoit un détachement de François, l'attaqua avec beaucoup de valeur ; mais il fut abandonné par les ſiens, & on n'a jamais ſu depuis ce qu'il étoit devenu.

Il y avoit cependant plus de deux

heures que les François s'étoient rendus maîtres de ce quartier, lorſqu'il arriva un accident qui leur fit perdre un avantage qui auroit, ſelon les apparences, forcé les Turcs à lever le ſiége. Le feu prit, par haſard, aux poudres d'une batterie abandonnée par les ennemis: quantité d'Officiers & de ſoldats y périrent; l'ordre des compagnies des Gardes fut rompu. Les Turcs qui s'étoient retirés ſur la montagne s'apperçurent de ce déſordre, reprirent courage, marcherent contre les François. M. de Navailles les fit charger par la cavalerie qui plia d'abord. Il y alla lui-même, repouſſa les Turcs & regagna ſur eux du terrein: mais ils revinrent à la charge avec du renfort, inveſtirent notre corps de réſerve, ce qui effraya nos troupes au point qu'elles ſe retirerent avec précipitation. M. de Navailles, voyant qu'il ne pouvoit les rallier, fit battre la retraite. Ce fut le 25 Juin 1669.

Les suites de cette entreprise auroient été tout-à-fait différentes, si le Général Morozini avoit fourni les trois mille hommes qu'il avoit promis, ou du moins s'il avoit occupé les Turcs du côté de S. André & fait diversion. Le tems fut aussi très-contraire : il empêcha que les vaisseaux ne canonnassent les ennemis. Il y eut encore quelques petites actions; mais les Turcs eurent toujours l'avantage, à cause de la supériorité du nombre. Enfin de six mille François qui étoient arrivés devant Candie, il n'en restoit plus que deux mille cinq cens en état de combattre. M. de Vivone, Général des galeres, &

qui commandoit la flotte depuis la perte du Duc de Beaufort, fit avertir M. de Navailles que les troupes diminuoient chaque jour, que l'armée navale & celle de terre périroient si l'on demeuroit plus longtems. Sur cet avis M. de Navailles le fit prier d'assembler les Officiers de Marine, pour savoir ce qui restoit de vivres sur les vaisseaux & les galeres, & par quels moyens on pourroit s'en procurer. M. de Vivone trouva qu'il y en avoit à peine pour le retour. Alors on décida qu'il falloit s'embarquer promptement, ce qu'on fit vers la fin du mois d'Août, & on arriva en fort peu de tems à Toulon. Deux jours après le départ des François, le Général Vénitien rendit Candie par capitulation.

Nous sommes entrés dans quelques

détails ſur cette expédition, parce que c'eſt la premiere fois que notre Héros fut employé au ſervice de France. Il partit promptement de Toulon pour ſe rendre à la Cour, y reſta tout le courant de l'année 1670, accompagna le Roi, qui fit cette même année un voyage en Flandre pour viſiter les villes d'Oudenarde, de Courtray, de Lille, de Dunkerque, de Gravelines, &c. Sa Majeſté lui fit pluſieurs fois l'honneur de s'entretenir avec lui, principalement à Dunkerque où la converſation dura plus d'une heure. Sa Majeſté dit enſuite qu'elle avoit trouvé peu de perſonnes, dont l'entretien fût auſſi intéreſſant que celui du Chevalier de Tourville, & qui euſſent l'eſprit auſſi juſte.

Louis XIV, ayant reçu quelque

mécontentement des Hollandois, résolut de leur déclarer la guerre; fit des préparatifs sur mer & sur terre; retourna en Flandre pour faire la revue de ses troupes & visiter ses ports. Les Hollandois sentirent que ces préparatifs se faisoient contr'eux: ils en furent alarmés, chargerent leur Ambassadeur à la Cour de France de s'en éclaircir. Le Roi lui répondit qu'il n'avoit à rendre compte de ses actions qu'à Dieu seul. Cette réponse fit sentir aux Hollandois que leurs alarmes étoient fondées: dès lors ils songerent à se mettre en état de défense; implorerent le secours de leurs alliés; tâcherent de former de nouvelles ligues contre la France; travaillerent à équiper une flotte.

Le Roi, de son côté, fit négocier auprès de l'Empereur & des

Princes de l'Empire, pour les engager à garder la neutralité, leur assurant que son intention étoit de maintenir le traité de Westphalie. L'Empereur, qui étoit occupé en Hongrie contre les Turcs, écouta les propositions du Roi; fit avec lui un nouveau traité de paix par lequel il promettoit de ne point assister les Hollandois, pourvu que Sa Majesté Très-Chrétienne ne fît aucune entreprise sur les terres de l'Empire. Le Roi de Suéde, Charles XI, avoit fait un traité d'alliance avec les Hollandois; mais Louis XIV réussit à le détacher d'avec eux & à lui faire contracter un nouveau traité avec lui. Il mit encore dans ses intérêts les Ducs de Baviere, d'Hanover & de Wirtemberg. La Cour d'Espagne seule ne voulut pas accepter les propositions qui lui furent faites de la part de la France.

Le Chevalier de Tourville, instruit des intentions du Roi, restoit toujours à la Cour & sollicitoit de l'emploi dans la guerre qui se préparoit. Louis XIV étoit justement irrité contre les Hollandois : enivrés de leurs richesses & de leurs succès, ils avoient eu l'imprudence de mécontenter leurs voisins. Cette République avoit fait frapper & distribuer des médailles injurieuses aux Têtes Couronnées. Une, entr'autres, représentoit la Hollande appuyée sur des trophées, avec une inscription qui disoit que cette République avoit rétabli des Rois sur leur trône, nettoyé les mers, assuré le repos de l'Europe par la force de ses armes. Ces Républicains avoient été jusqu'à représenter le Roi d'Angleterre comme un Prince fainéant

& voluptueux. Après la paix d'Aix-la-Chapelle, ils s'étoient vantés d'avoir ſauvé les Pays-Bas & d'avoir arrêté Louis XIV dans le cours de ſes conquêtes. Ils avoient fait frapper une médaille où on voyoit *Joſué Benningue* avec un ſoleil au-deſſus de ſa tête & pour deviſe ces mots : *In conſpectu meo ſtetit ſol.* Ils vouloient exprimer par-là que la Hollande avoit arrêté Louis XIV dans ſa courſe : il avoit le ſoleil pour deviſe. Ils négocioient dans toutes les Cours de l'Europe pour former une ligue contre lui : ils étoient les auteurs de la triple alliance que le Roi avoit eu l'habileté de rompre.

Louis XIV crut enfin que ſa gloire demandoit qu'il tirât vengeance de ces outrages ; leur declara la guerre par un manifeſte daté du 6 Avril 1671, où il expliquoit les motifs de ſa conduite. Il nomma les Officiers-Généraux qui devoient commander les troupes en Flandre. On parloit beaucoup d'un armement ſur mer. Le Chevalier de Tourville réſolut de mettre tout en uſage pour être employé. Il ſavoit que le Miniſtre de la Marine étoit fort indiſpoſé contre lui. Ce Miniſtre avoit appris que le Chevalier étoit bien reçu d'une femme qu'il aimoit beaucoup, & ne lui pardonnoit point de partager avec lui un cœur qu'il vouloit avoir tout entier. Le Chevalier alla un jour le ſolliciter pour être employé dans l'armement qu'on ſe propoſoit de faire; le Miniſtre le reçut ſi froidement qu'il ſentit que ce ſeroit envain qu'il eſpéreroit quelque choſe de ſa part; même qu'il ne ſeroit jamais employé, tant qu'il auroit

un

un ennemi de cette importance. Il eut l'idée de quitter la France pour chercher de l'emploi dans un autre pays & ne pas rester dans l'inaction; mais son honneur & l'amour de la patrie l'arrêterent. Il alla trouver M. de la Rochefoucault, son parent & son protecteur ; lui fit l'aveu de ce qui s'étoit passé. M. de la Rochefoucault, qui connoissoit le caractere du Ministre, dit au Chevalier : « Vous venez me consulter, lorsque » vous êtes dans le bourbier; mais vous » ne le faites pas avant de vous y met- » tre ; que cela vous serve de leçon » pour l'avenir; ne vous attirez jamais » à dos le Ministre, si vous voulez » parvenir. Ne vous allarmez cepen- » dant pas, je parlerai aujourd'hui à » votre Ministre, je verrai ce que je » pourrai obtenir de lui, & je vous en

» rendrai compte demain au matin ».

M. de la Rochefoucault avoit beaucoup de jugement, il ſentoit qu'un jeune homme eſt excuſable d'aimer une femme aimable; mais qu'il eſt très-coupable aux yeux de celui auquel il enleve ſon cœur. Il ſe rendit dès le jour même chez le Miniſtre de la Marine, comme il l'avoit promis au Chevalier. Ce Seigneur étoit aimé & eſtimé à la Cour, & avoit acquis le droit de dire librement ſa penſée. Il prit le Miniſtre en particulier, lui dit : « Je viens vous parler d'une Dame » que vous avez tendrement aimée : » avouez qu'on eſt bien à plaindre » quand on aime comme vous faites. Il arrive ſouvent que l'amour » nous fait faire des folies, mais il » eſt étonnant que l'on continue d'en » faire lorſqu'on ceſſe d'être amoureux.

» Je ne comprends pas ce que vous » voulez dire, répondit le Ministre; » expliquez-vous. C'est de Madame » de ***, reprit M. de la Rochefou» cault, que je veux vous parler. Je » n'ignore point que vous l'avez ten» drement aimée. Je ne vous en blâme » point, elle méritoit de l'être; mais » je sais aussi que vous étiez jaloux du » Chevalier de Tourville, & que vous » lui vouliez du mal, quoique vous » ne fussiez plus amoureux de cette » Dame. Depuis sa mort vous con» servez même des sentimens de haine » contre le Chevalier (*) qui, dans » le fond, ne vous a rien fait, qui est » très-brave, bon Officier & qui ser» vira certainement bien le Roi. Voilà » en quoi vous avez tort.

(*) Cette Dame étoit morte depuis quelque tems. Voy. *ibid.*

» Je ſerois blâmable, répondit le » Miniſtre, ſi la choſe étoit telle que » vous la préſentez; mais je ne ſuis » point fâché contre le Chevalier de » Tourville parce que Madame de *** » l'a aimé & l'a préféré à moi. Mon alié- » nation contre lui auroit ceſſé lorſque » j'aurois ceſſé d'aimer; mais il m'a » trompé : il a voulu, de concert avec » cette Dame, me faire croire qu'il » étoit ſon parent, afin de me rendre » plus facilement leur dupe, dans le » tems même que j'ouvrois mon cœur » au Chevalier. J'appris enſuite par la » mere de cette Dame que non-ſeu- » lement il n'étoit point de ſes pa- » rens, mais qu'il n'étoit même pas » de la famille ».

C'eſt une ruſe qu'emploient ordinairement deux jeunes perſonnes qui s'aiment & qui cherchent à tromper un homme en place, ou un homme riche qui peut les gêner.

M. de la Rochefoucault trouva bientôt une réponse : son esprit lui suggéra celle-ci : « Lorsque la mere de » cette Dame vous tint ce discours, » répondit-il au Ministre, elle avoit » ses raisons. Le pere du Chevalier » de Tourville avoit eu un procès con» tr'elle, ce qui l'a si fort irritée con» tre tous ceux de sa famille, qu'elle » n'a jamais voulu les voir depuis, ni » les reconnoître pour ses parens.

» Si cela est ainsi, repliqua le Mi» nistre, je n'ai plus lieu d'être fâché » contre le Chevalier de Tourville ; » je lui rends mon amitié, & je l'obli» gerai dans toutes les occasions pour » réparer l'injustice que je lui faisois. » Vous pouvez l'assurer de mon esti» me, & que je ne l'oublierai point

» dans la liste des Officiers de Marine
» qu'on va employer ».

Monsieur de la Rochefoucault rendit compte au Chevalier de ce qui s'étoit passé chez le Ministre à son sujet, & de la maniere dont il s'y étoit pris pour persuader à ce Seigneur qu'il étoit effectivement parent de la Dame dont on a parlé. Le lendemain le Chevalier alla faire sa cour au Ministre, qui l'appella aussi-tôt qu'il l'apperçut, lui dit d'un air gracieux : *M. le Chevalier, vous serez employé dans l'armée navale ; préparez-vous à partir*. Le Comte d'Estrées, Vice-Amiral, devoit commander la flotte destinée à joindre celle des Anglois qui étoit composée de quarante vaisseaux de guerre, de plusieurs frégates, de quelques brûlots, & commandée par le Duc d'Yorck, frere du Roi d'Angleterre & qui lui succéda sous le nom de Jacques II, qui se réfugia en France où il mourut & où il est enterré.

La flotte de France ne tarda pas à mettre à la voile. Elle étoit composée de cinquante vaisseaux de guerre, de plusieurs frégates & d'un assez grand nombre de vaisseaux de transport. Elle joignit celle d'Angleterre à l'île de Wich, où étoit le rendez-vous. Après cette jonction, ces deux flottes allerent chercher celle de Hollande qui étoit de soixante-douze vaisseaux de guerre, de quarante autres bâtimens, tant brûlots que barques d'avis, & commandée par l'Amiral Ruiter. Celles de France & d'Angleterre la rencontrerent ; resterent en présence plusieurs jours, & s'en séparerent sans combattre. Les deux flottes combinées allerent à Solſbaye, ſur la côte d'Angleterre, pour faire de l'eau : celle de Hollande, ayant l'avantage du vent, y fit voile, dans l'intention de les y ſurprendre. Le vaiſſeau de garde fit les ſignaux pour avertir que l'ennemi approchoit. Le Duc d'Yorck fit ceux de bataille. Le Chevalier de Tourville étoit à l'avant-garde que commandoit le Comte d'Eſtrées qui avoit en tête le Vice-Amiral Bankert. Le Duc d'Yorck ſe mit à la tête du corps de bataille & étoit oppoſé à l'Amiral Ruiter. Les deux flottes ſe trouverent en préſence vers les ſix heures du matin : le Vice-Amiral Bankert attaqua le Comte d'Eſtrées avec l'avant-garde. Le vaiſſeau du Chevalier de Tourville ſoutint le feu des ennemis avec une fermeté incroyable. Ruiter ſe porta ſur le corps de bataille où commandoit le Duc d'Yorck : ils ſe battirent pendant pluſieurs heures avec tant de valeur & d'opiniâtreté, qu'ils furent obligés tous deux de changer de vaiſſeau. Les Hollandois ſoutinrent juſqu'au ſoir les efforts des deux flottes combinées : le vent ayant changé, au coucher du ſoleil, le Comte d'Eſtrées en profita ; fit recommencer l'attaque avec une nouvelle ardeur. Le Chevalier de Tourville força celui contre lequel il avoit affaire, de prendre la fuite. Les autres vaiſſeaux Hollandois en firent autant ; mais la nuit étoit ſi obſcure que les deux flottes combinées ne purent les pourſuivre : elles ſe retirerent vers la Tamiſe. Les Hollandois perdirent dans ce combat deux vaiſſeaux de 70 piéces de canon. Le Vice-Amiral Anglois Sand-Wick fut submergé avec le vaisseau qu'il commandoit.

Le Duc d'Yorck & le Comte d'Estrées donnerent dans cette occasion des preuves de courage & de prudence. Le Chevalier de Tourville s'y distingua au point que le Comte d'Estrées, écrivant au Roi pour lui annoncer le gain de cette bataille, donna de grands éloges à ce Chevalier. Lorsque la flotte Françoise fut arrivée à Brest, le Chevalier alla à Saint-Germain où le Roi étoit retourné après une campagne des plus glorieuses en Flandre : le Ministre de la Marine donna au Chevalier les plus grandes marques d'estime, & d'amitié.

L'Empereur & le Roi d'Espagne, cédant aux sollicitations des Hollandois, firent des préparatifs de guerre contre la France. Louis XIV prit les précautions qu'il crut nécessaires pour continuer la guerre avec le même succès qu'il l'avoit commencée. Il mit cette année trois armées en campagne, c'étoit en 1673; fit équiper une flotte de trente vaisseaux de guerre, de sept frégates, de treize brûlots & de quelques galiottes, sous les ordres du Comte d'Estrées. Il eut encore ordre de joindre celle d'Angleterre.

Le Comte d'Estrées avoit conçu beaucoup d'estime & d'affection pour le Chevalier de Tourville; il pria le Roi de l'employer dans la flotte: Sa Majesté lui répondit qu'elle l'avoit déjà nommé pour y commander un vaisseau; que c'étoit un bon Officier, qu'elle vouloit l'employer dans toutes les occasions qui se présenteroient. L'armée navale de France partit vers le milieu du mois de Mai & joignit dans la Manche celle du Roi d'Angleterre qui étoit alors aux ordres du Prince Robert. Ces deux flottes partirent le 30 du même mois pour aller chercher celle de Hollande qui étoit ſur ſes côtes. L'Amiral Ruiter, qui la commandoit, avoit ordre de ne pas les abandonner & d'empêcher que les ennemis ne fiſſent une deſcente en Hollande, ce qui paroiſſoit être leur projet. Le Comte d'Eſtrées commandoit l'avant-garde, dans laquelle étoit le Chevalier : le Prince Robert étoit au corps de bataille, & l'Amiral Sprach conduiſoit l'arriere-garde. Le Comte d'Eſtrées apperçut la flotte Hollandoiſe qui étoit à l'ancre devant Schoonveld. Le Prince Robert réſolut de l'attaquer le 7 de Juin 1673, ſe mit en ordre de bataille, fit prendre à sa flotte la forme d'un croissant : le Comte d'Estrées occupoit la droite avec son avant-garde, l'Amiral Sprach la gauche, le Prince Robert se mit au milieu. L'Amiral Ruiter régla son ordre de bataille sur celui des ennemis, se mit au milieu du croissant, opposa le Vice-Amiral Tromp au Comte d'Estrées & le Vice-Amiral Bankert au Vice-Amiral Sprach.

Le Comte d'Estrées, voulant séparer Tromp du reste de la flotte Hollandoise, le fit attaquer par le Chevalier de Tourville. Celui-ci alla dessus avec tant de courage & d'impétuosité, qu'il seroit venu à bout de son projet si Ruiter n'étoit venu au secours de Tromp. Alors le Comte d'Estrées fut obligé de combattre contre Tromp & contre Ruiter en même-tems. Le courage étoit égal de part

& d'autre; le carnage devint affreux. Le Prince Robert, voyant que tout le feu de l'action tomboit fur le Comte d'Eftrées, alla promptement à fon fecours. Ruiter avança contre lui : les deux armées, à l'exemple de leurs Chefs, fe porterent l'une fur l'autre : chaque vaiffeau prit le fien. Le Chevalier preffoit fi fort celui contre lequel il combattoit, qu'il en feroit venu à l'abordage & l'auroit pris, fi un autre vaiffeau de la flotte Hollandoife n'étoit venu à fon fecours; mais il ne lâcha pas prife qu'il ne l'eût coulé à fond. Le combat dura depuis fix heures du matin jufqu'à la nuit avec une fureur & un acharnement égal de part & d'autre. Le Comte d'Eftrées qui avoit vu que Ruiter, par fa préfence, lui avoit fait perdre tout fon avantage fur Tromp, étoit retourné ſur ce Vice-Amiral, lorſque Ruiter s'étoit engagé une ſeconde fois avec le Prince Robert & l'avoit attaqué avec le même ſuccès; ce qui avoit obligé Ruiter de quitter encore le Prince pour aller au ſecours de Tromp.

L'Amiral Hollandois ayant réparé les choſes par ſa préſence, étoit retourné contre le Prince Robert, & avoit maltraité ſon vaiſſeau au point qu'il faiſoit eau de toutes parts, & commencoit à s'enfoncer; on lui avoit conſeillé d'en monter un autre; mais ce Prince, craignant que cette manœuvre n'effrayât les ſiens, étoit reſté ſur ſon bord & avoit continué de combattre avec la même intrépidité. Enfin la nuit ayant fait ceſſer le combat, comme nous l'avons dit, les flottes ſe retirerent en divers ports. Les Anglois perdirent deux vaiſſeaux de guerre avec quelques autres bâtimens; on coula à fond deux gros vaisseaux Hollandois, deux frégates & trois brûlots. Celui contre lequel le Chevalier de Tourville avoit combattu fut du nombre des deux gros qui périrent.

Lorsque l'Amiral Ruiter eut réparé sa flotte, il se mit en pleine mer à dessein de chercher les flottes combinées & de reprendre sa revanche. Il les rencontra bientôt; elles le cherchoient elles-mêmes; le combat commença avec beaucoup de courage de part & d'autre & dura pendant quatre heures. La perte ne fut cependant pas considérable : les François prétendirent que, si les Anglois les avoient secondés, les Hollandois auroient été battus complettement. L'armée des deux Couronnes se retira sur les côtes d'Angleterre pour se radouber &

remit en mer si-tôt qu'elle fut prête. L'Amiral Ruiter reçut ordre des Etats Généraux d'éviter le combat & de se contenter uniquement de garder les côtes de Hollande. Les flottes combinées suivirent dans leur marche le même ordre que dans les batailles précédentes. Elles la dirigerent vers Schoonveld, où l'Amiral Ruiter se tenoit toujours posté. Le Prince Robert, en l'abordant, lui lâcha plusieurs coups de canon, pour l'engager au combat. Voyant que ses tentatives étoient inutiles, il continua sa route, dans le dessein de chercher un endroit propre à faire une descente.

Les Etats Généraux reçurent alors avis que leur flotte des Indes étoit près d'arriver; ils révoquerent l'ordre qu'ils avoient donné à Ruiter; lui envoyerent celui d'attaquer les ennemis, afin que la flotte des Indes pût paſſer pendant le combat. Ruiter ne mit pas, tout de ſuite, ces derniers ordres à exécution, parce que le vent lui étoit contraire; mais ſitôt qu'il fut changé, il leva l'ancre, ſuivit les ennemis qui avoient pris la route d'Amſterdam. Lorſque le Prince Robert en fut inſtruit, il réſolut de l'attendre; mais Ruiter ſe tint au-deſſus du vent, évita le combat & chercha ſeulement à ſe mettre en état de ſecourir la flotte des Indes en cas qu'elle en eût beſoin. Les deux armées demeurerent en préſence pendant deux jours: le Prince Robert vouloit livrer combat; mais le vent lui étoit ſi contraire qu'il ne pouvoit avancer. En vain il chercha à remédier à cet inconvénient: enfin le vent changea; Ruiter se hâta de gagner les bancs, où le Prince n'osa le poursuivre, & se rendit à Vlie. Lorsqu'il y étoit, un vaisseau de la flotte des Indes, richement chargé, se jetta au milieu de son armée : il ignoroit que la guerre étoit déclarée. Les Hollandois, craignant que le reste de leur flotte des Indes n'essuyât le même sort, envoyerent à Ruiter des ordres pressans de tout hasarder pour empêcher ce malheur.

Cet Amiral, ayant appris en même tems, que la flotte des deux Couronnes s'étoit rendue devant le Texel, leva l'ancre, y fit voile dans l'intention de combattre. La flotte combinée alla au-devant de lui. Le Prince Robert fit dire au Comte d'Estrées de commencer l'action : mais la nuit qui survint fut cause qu'on remit l'attaque au lendemain. Dès que le jour parut, le Comte d'Estrées attaqua, sépara plusieurs vaisseaux Hollandois de leur flotte : mais elle se hâta de venir à leur secours : alors le combat devint terrible. Le Prince Robert voulut aller au secours du Comte d'Estrées ; mais il se trouva environné par une multitude de vaisseaux ennemis, & dans un si grand danger, qu'il fut obligé de demander du secours par les signaux. Plusieurs vaisseaux y vinrent ; on se battit avec fureur dans cet endroit, & il y périt beaucoup de monde. Une escadre Hollandoise perça celle du Comte d'Estrées, malgré les efforts qu'il fit pour l'en empêcher. Pendant ce tems le Vice-Amiral Sprach étoit aux prises avec Bankert, Vice-Amiral Hollandois, & se trouvoit dans une plus grande détresse encore que le Prince Robert.

Enſin, après s'être défendu avec un courage héroïque & avoir changé deux fois de vaiſſeau, il ſe noya. La nuit fit ceſſer le combat; chacun ſe retira de ſon côté afin de ſauver les vaiſſeaux qui étoient le plus endommagés. Dans cette action le Chevalier de Tourville combattit toujours avec avantage contre deux vaiſſeaux ennemis qui le preſſoient vivement. Il ſe rendit à la Cour lorſque les flottes furent rentrées dans leurs ports.

Le Comte d'Eſtrées en rendant compte au Roi des deux dernieres actions, lui aſſura que le Chevalier de Tourville étoit un des meilleurs Officiers que Sa Majeſté eût dans la Marine; qu'il étoit capable de commander; alla même juſqu'à dire qu'il ne connoiſſoit perſonne qui eût plus de valeur & d'intrépidité que lui dans un combat de mer ; qu'il avoit en même-tems beaucoup de prudence & connoissoit parfaitement la manœuvre. Quelques jours après, le Roi, en sortant de la Messe, l'apperçut, lui dit qu'il étoit satisfait de ses services, qu'on lui en avoit rendu bon témoignage. Le Ministre lui donna aussi des marques de son estime & de la confiance qu'il avoit en lui. Il le consulta sur le dessein qu'il avoit d'engager le Roi à mettre en mer, l'année suivante, une nouvelle armée navale, quoique l'Angleterre se détachât de l'alliance qu'elle avoit faite avec la France, comme on le soupçonnoit. Le Chevalier lui représenta que les Hollandois avoient une Marine formidable ; que dans les deux dernieres campagnes, les flottes de France & d'Angleterre combinées avoient à peine remporté quelques avantages sur eux ; que d'ailleurs, leur Amiral Ruiter étoit un des plus grands hommes de mer qu'il y eût ; enfin que si l'Angleterre se joignoit à la Hollande contre la France, ce qui sembloit devoir arriver, il faudroit que cette derniere Puissance eût en mer une armée plus forte au moins du double, que celle des années précédentes. Il ajouta que, si le Roi ne jugeoit pas à propos d'entretenir un nombre si considérable de vaisseaux, il faudroit se tenir sur la défensive, garder les ports & les côtes pour empêcher une descente. Le Ministre trouva ce conseil si sage, qu'il le suivit.

Le Chevalier de Tourville apprit la mort de son second frere au commencement de l'année 1674 : il aimoit sa famille autant qu'il en étoit aimé, ce qui l'engagea à se rendre à Tourville pour pleurer cette perte avec sa mere & son frere aîné; mais il retourna bientôt à la Cour, d'où il étoit intéressant pour lui de ne pas se tenir long-tems éloigné.

Ce fut cette année que l'Empereur, le Roi d'Espagne, l'Angleterre & plusieurs Princes d'Allemagne se joignirent à la Hollande & se liguerent contre la France. Le Roi, pour faire face à tant d'ennemis, mit quatre armées de terre sur pied; en envoya une en Flandre, sous les ordres du Prince de Condé; une en Allemagne, commandée par M. de Turenne; une en Roussillon, à la tête de laquelle étoit le Comte de Schomberg. Sa Majesté prit le commandement de la quatriéme; passa dans la Franche-Comté qui appartenoit alors aux Espagnols; en fit la conquête

conquête avec une ſi grande rapidité que toute l'Europe en fut étonnée.

Pour ce qui regardoit la Marine, le Marquis de Seignelai, ayant réfléchi ſur ce que le Chevalier de Tourville lui avoit dit, engagea le Roi à ne point mettre cette année d'armée navale en mer, à ſe contenter de pourvoir à la ſûreté des côtes. On fit cependant équiper une eſcadre à Toulon pour ſoutenir le ſiége de Roze que le Roi vouloit qu'on entreprît. M. le Duc de Vivone en eut le commandement & le Chevalier de Tourville fut nommé un des premiers pour commander un vaiſſeau : il ſe rendit promptement à Toulon : mais l'échec que M. le Comte de Schomberg reçut dans le Rouſſilon fit changer le projet qu'on avoit formé contre Roze. Le Chevalier de

Tourville se hâta de retourner à la Cour & d'aller voir le Ministre. M. de Seignelai, qui l'aimoit & l'estimoit, lui dit : « Je suis bien aise de vous » voir ; mais si vous n'aviez pas tant » pressé votre retour, vous auriez reçu » des ordres qui vous auroient épar- » gné la peine de retourner à Toulon, » comme il faudra que vous le fas- » siez ». Il ne s'expliqua pas davantage ; mais deux jours après, il lui dit : « Le Roi a envoyé ordre d'armer à » Toulon une escadre de six vaisseaux » de guerre, quantité de flutes & de » barques longues, chargées de vi- » vres & de munitions : MM. les Che- » valiers de Valbelle & de Valavoir » doivent la commander. Sa Majesté » envoie ce secours aux Messinois ré- » voltés contre le Roi d'Espagne, & » qui ont imploré la protection de

» la France. Vous êtes nommé pour » commander un des six vaisseaux : » disposez-vous à partir promptement » pour Toulon : l'escadre sera bien- » tôt prête à mettre en mer ».

Le Chevalier de Tourville se rendit en diligence à Toulon : MM. de Valbelle & de Valavoir y arriverent peu de tems après lui : on mit à la voile, & l'escadre arriva à Messine, vers la fin du mois de Septembre. Le secours qu'elle porta aux Messinois n'étoit pas considérable, le Roi vouloit, avant de faire de plus grandes dépenses pour eux, savoir quelles étoient leurs forces. L'escadre ne portoit qu'un petit nombre de troupes de débarquement & une certaine quantité de bled dont ils avoient besoin.

Les révoltés, avant l'arrivée du Chevalier de Valbelle, s'étoient rendus maîtres de tous les forts de Messine; à l'exception de celui de S. Salvador. Les Espagnols qui étoient dans cette ville, avoient demandé, de leur côté, du secours au Vice-Roi de Naples & aux Puissances voisines, alliées de la Couronne d'Espagne : ils en reçurent treize galeres, dont cinq de Malthe, cinq de l'Etat de Genes & les trois autres de Naples. Ces forces se joignirent aux vaisseaux que le Roi d'Espagne leur envoya. Ils étoient chargés de troupes qu'on avoit embarquées en Catalogne, sous les ordres de Dom Bertrand de Guevara, & qui avoit ordre d'empêcher le débarquement des troupes que le Roi de France se disposoit à envoyer au secours des Messinois. Le Chevalier de Valbelle en ayant été informé, avant même de partir de Toulon, fit ses dispositions en conséquence. Il chargea le Chevalier de Tourville de commander l'avant-garde, confia l'arriere-garde à M. de Valavoir & se mit au centre. L'escadre passa devant celle d'Espagne qui ne fit aucun mouvement pour l'attaquer. Le Chevalier de Valbelle fit son débarquement, proposa aux Messinois d'assiéger le fort de Saint-Salvador, leur promit de les seconder de tout son pouvoir. Ils suivirent son avis, & le Gouverneur rendit le fort après quelques jours de défense.

Louis XIV, informé que les Espagnols se disposoient à faire marcher des forces considérables contre les Messinois, résolut d'envoyer à ceux-ci des secours plus formidables que ceux de l'année précédente, quoiqu'il eût presque toute l'Europe contre lui. Ce nouveau secours consistoit en neuf vaisseaux de guerre, une frégate, trois brûlots & un nombre considérable d'autres bâtimens : on en confia le commandement au Duc de Vivone, avec ordre de prendre la qualité de Vice-Roi de Messine. La flotte des Espagnols étoit composée de vingt vaisseaux de guerre, de dix-sept galeres, & commandée par le Marquis de Viso, qui s'étoit posté de maniere à fermer entiérement l'entrée de Messine.

Le Duc de Vivone arriva le 11 Janvier 1675 à la vue du fare. Voyant qu'il ne lui étoit pas possible d'entrer dans Messine, sans livrer bataille aux Espagnols, il résolut de les attaquer malgré la supériorité de leur nombre. Le Chevalier de Valbelle, instruit de son arrivée, & voyant l'impossibilité où il étoit de le faire entrer dans le port sans livrer combat aux Espagnols, fit armer six vaisseaux qui étoient dans le port de Messine, pour aller au-devant du Duc. Les Espagnols, voyant que les François se préparoient à les attaquer, firent leurs dispositions pour les recevoir. Se fiant sur la supériorité de leur nombre, ils résolurent même de les attaquer. Le combat fut opiniâtre & l'avantage disputé pendant quelque tems. Le Chevalier de Tourville, qui faisoit l'avant-garde de l'escadre de M. de Valbelle, sortit du fare, suivi par les cinq autres vaisseaux; tomba sur les Espagnols au plus fort du combat; les prit par derriere & commença à les mettre en désordre. Il se trouva forcé de combattre contre deux vaisseaux; le fit avec tant de vigueur & de présence d'esprit, qu'il en coula un à fond & força l'autre de se larguer pour se radouber, ce qui jetta l'épouvante dans l'armée Espagnole. M. de Vivone, secondé par le Marquis du Quesne, profita de ce moment, attaqua l'ennemi avec tant de vigueur qu'il le força de reculer, de prendre la fuite & de se retirer à Naples. Quatre vaisseaux des Espagnols avoient été coulés à fond, & le nombre d'hommes qu'ils avoient perdus étoit considérable. Le Duc de Vivone entra triomphant dans Messine & y prit la qualité de Vice-Roi. Les vivres qu'il avoit apportés soulagerent beaucoup les Messinois & les entretinrent quelque tems dans la révolte; mais la conduite du Duc & de la plûpart des Officiers mécontenta les habitans au point qu'ils se repentirent de leur révolte & se proposerent de rentrer sous la domination de l'Espagne. Ils formerent une conſpiration contre les François.

Le Chevalier de Tourville étoit logé chez un des principaux bourgeois : il avoit gagné ſon amitié, au point que ce bourgeois l'avertit de tout ce qui ſe tramoit contre les François ; lui dit que les habitans, avant de faire des propoſitions au Roi d'Eſpagne, avoient jugé à propos d'envoyer à la Cour de France deux des principaux habitans pour ſe plaindre de la conduite que M. le Duc de Vivone tenoit à leur égard. Le Chevalier de Tourville informa le Duc du complot qu'on tramoit contre lui. Le Duc profita de cet avis & écrivit promptement au Miniſtre pour ſe juſtifier. L'Officier qu'il chargea de ſa lettre, fit tant de diligence, que les députés de Meſſine trouverent le

Roi prévenu. Sa Majesté sentoit qu'il étoit de son intérêt que la révolte des Messinois durât ; elle chercha à les appaiser, leur promit de nouveaux secours & leur en envoya effectivement, avec un renfort de troupes assez considérable.

Le Duc de Vivone se servit de ce renfort pour faire des conquêtes en Sicile, où il prit plusieurs places. Charles II, Roi d'Espagne, qui venoit d'être déclaré majeur, fit prier les Hollandois d'envoyer du secours en Sicile. Ruiter se rendit dans la mer Méditerranée avec vingt-quatre vaisseaux de guerre, quatre brûlots & quatre barques. Sa présence ranima les Espagnols : ils reprirent plusieurs places en Sicile.

Ce fut à-peu-près dans ce tems que le Roi fit une promotion de Maréchaux de France ; nomma les Ducs de Navailles, de Vivone, de Duras, de Schomberg, de la Feuillade, de Luxembourg & le Comte d'Estrades. Le Corps de la Marine fit de grandes réjouissances à l'occasion du Duc de Vivone, parce que c'étoit le premier de leur corps qui étoit honoré de cette dignité : jusqu'alors le service de mer ne l'avoit procurée à personne. Lorsque la nouvelle en fut venue à Messine, le Chevalier de Tourville alla féliciter M. de Vivone. Ce Duc lui dit : « Je souhaite, M. le » Chevalier, pouvoir, un jour, vous » faire un pareil compliment. Si Dieu » nous conserve tous deux, je ne dés- » espere pas de le faire. Votre mé- » rite vous procurera immanquable- » ment cette dignité, puisqu'on com- » mence à la donner aux Officiers de

» Marine ». Le Roi fit aussi une promotion dans la Marine & éleva le Chevalier de Tourville à la dignité de Chef-d'Escadre. Il en apprit la nouvelle par M. le Marquis de Seignelai qui lui écrivit une lettre conçue en ces termes : « Le Roi vient de » vous faire, Monsieur, Chef-d'Es- » cadre ; c'est une preuve de la satisfac- » tion qu'il a de vos services, & de la » justice qu'il rend à votre mérite. » Je vous en félicite & me fais un » plaisir de vous l'apprendre, par la » part que je prends à ce qui vous re- » garde & à l'amitié avec laquelle je » suis », &c.

Le Maréchal de Vivone envoya M. du Quesne en Cour, afin d'obtenir de nouveaux secours. Le Roi fit équiper vingt vaisseaux de guerre, six brûlots & quelques autres bâtimens chargés de vivres & de munitions, en donna le commandement au dernier.

Les détails de cette expédition appartiennent à la vie de M. du Quesne. Nous nous bornerons à dire ici que le Chevalier de Tourville y donna les plus grandes preuves de courage & de capacité. Ruiter en fit lui-même l'éloge.

Le Roi laissa sa flotte toute l'année 1677 dans l'inaction à Messine, parce que les ennemis n'avoient point d'armée navale dans la Méditerranée, & qu'il étoit maître de tout le pays. Le Chevalier de Tourville étoit d'un caractere trop bouillant pour rester dans l'oisiveté; il écrivit plusieurs lettres au Ministre de la Marine pour obtenir son rappel; mais ce Seigneur lui répondit qu'il ne pouvoit lui accorder sa demande, parce que le Roi ne se proposoit pas d'avoir une autre flotte que celle qui étoit à Messine, & que les Puissances actuellement en guerre étoient sur le point de faire la paix. Cette réponse l'affligea : elle lui ôtoit tout espoir de se signaler.

(*) Il étoit encore dans l'âge où un cœur s'enflamme facilement : pendant tout le tems qu'il étoit resté à Messine, il n'avoit songé qu'à remplir son devoir & à mériter les dignités auxquelles il aspiroit ; mais ce repos, cette oisiveté où il se voyoit abandonné, donnerent à ses passions la facilité de parler. Il s'apperçut que la fille de celui chez qui il demeuroit à Messine étoit belle, il en devint amoureux : mais un autre pos-

---

(*) Voy. ses Mém. t. 2.

séduit le cœur de cette jeune personne. Elle lui en fit l'aveu, le pria même de faire usage du crédit que sa douceur, son honnêteté lui avoient acquis sur l'esprit de son pere, pour obtenir de lui qu'il consentît à son union avec son amant. Le Chevalier de Tourville avoit l'ame trop élevée pour descendre aux foiblesses de la jalousie : l'aveu de cette jeune fille, la confiance qu'elle marqua en sa probité, devinrent pour elle le gage de sa sûreté. Celui qui avoit tant de fois vaincu les Turcs, qui venoit de triompher des Espagnols, des Hollandois, croit devoir se vaincre lui-même : il satisfait aux desirs de la jeune Messinoise, demande avec empressement & obtient le consentement de son pere pour son union avec son amant. Les hommes véritablement grands le ſont par-tout : le Chevalier de Tourville le prouva dans cette conjoncture.

La guerre continuoit ; le Chevalier de Tourville n'étoit point employé & ſon impatience augmentoit : il ſe regardoit comme exilé dans la Sicile. Enfin les Puiſſances qui étoient en guerre, ſe trouvant diſpoſées de part & d'autre à la paix, Louis XIV rappella les troupes & les vaiſſeaux qui étoient reſtés à Meſſine.

Lorſque la flotte fut arrivée à Toulon, le Chevalier de Tourville ſe hâta de ſe rendre à la Cour & d'aller voir le Miniſtre de la Marine qui le reçut avec accueil ; lui dit qu'il ne l'auroit pas laiſſé ſi long-tems à Meſſine, ſi M. le Maréchal de Vivone n'avoit demandé qu'il reſtât auprès de lui, parce qu'il en avoit beſoin, que la paix étant près de ſe faire, il n'auroit pas eu occaſion de l'employer; mais qu'il profiteroit de la premiere qui ſe préſenteroit pour lui donner des marques de ſon eſtime & de ſon amitié.

La paix fut en effet ſignée le 10 Août 1678, avec la Hollande, le 17 Septembre ſuivant avec l'Eſpagne, & avec l'Empereur le 5 de Février 1679. Le Roi d'Eſpagne accorda une amniſtie générale aux Meſſinois, avec ordre à tous ceux qui s'étoient réfugiés en France de retourner promptement en Sicile.

Le Chevalier de Tourville, voyant que la paix le mettoit dans l'inaction, alla à Tourville, dans le deſſein de paſſer au milieu de ſa famille tout le tems qu'elle dureroit; mais il reçut ſur la fin de l'année une lettre du Miniſtre, qui l'obligea de retourner à la Cour. Lorſqu'il y fut arrivé, ce Miniſtre lui dit que le Roi avoit formé le projet de viſiter ſes ports; que la Reine ſeroit du voyage; qu'il vouloit procurer à Leurs Majeſtés le plaiſir de voir toutes les manœuvres & les différentes manieres de combattre ſur mer; qu'il avoit ordonné de faire équiper dans le port de Dunkerque un vaiſſeau & pluſieurs frégates, &, en même-tems jetté les yeux ſur lui pour les commander, parce qu'il le regardoit comme l'Officier de Marine le plus en état de remplir ſon projet; qu'il vouloit d'ailleurs lui fournir l'occaſion de faire ſa cour au Roi, de montrer à Sa Majeſté ſon intelligence & ſa capacité. Il le pria de ſe rendre promptement à Dunkerque & d'avoir ſoin que tout fût prêt lorſque Leurs Majeſtés y arriveroient. Le Chevalier ſentit alors combien M. de Seignelai lui étoit attaché, puiſqu'il lui donnoit la préférence ſur les autres Officiers de la Marine pour amuſer le Roi, & lui procuroit en même tems l'occaſion de développer ſes talens aux yeux de ce Monarque; le Chevalier ſe rendit à Dunkerque avec la plus grande diligence poſſible.

Leurs Majeſtés & toute la Cour s'y rendirent vers le milieu du mois de Mars 1680. Le Chevalier qui montoit un très-beau vaiſſeau, leur fit d'abord voir toutes les manœuvres, ce qui fut pour le Roi, la Reine & toute la Cour un ſpectacle d'autant plus agréable qu'il leur étoit nouveau. La premiere manœuvre fut celle des voiles; enſuite il fit faire aux ſoldats l'exercice des armes; repréſenta un combat naval; montra la maniere de monter à l'abordage. Le lendemain on imita un combat entre deux frégates, que le Chevalier de Tourville avoit fait préparer. Le Roi & la Reine étoient chacun dans une galiote, accompagnés des Princes, Princeſſes, Seigneurs & Dames de la Cour. Le Chevalier de Tourville tenoit le gouvernail de la galiote du Roi, & M. de Relingue celui de la galiote de la Reine. La mer étoit aſſez calme, & il n'y avoit de vent que ce qu'il en falloit pour mettre les frégates en mouvement. Elles ſe canonnerent pendant une heure, prirent alternativement le vent l'une ſur l'autre. Le Chevalier de Tourville expliquoit au Roi toutes les opérations. Le combat étant achevé, le Roi & la Reine firent des largeſſes aux équipages, & témoignerent leur ſatisfaction au Chevalier de

Tourville. Le Roi visita ensuite ses villes frontieres & retourna à Versailles.

L'année suivante, qui étoit 1681; le Roi, voulant récompenser le Chevalier de Tourville de ses services & lui donner en même-tems des marques éclatantes de sa satisfaction, le nomma Lieutenant-Général de ses armées navales. Sa Majesté fit équiper une escadre à Toulon, en donna le commandement à M. du Quesne, envoya le Chevalier de Tourville avec lui; leur ordonna d'aller contre les Corsaires de Tripoli qui infestoient les côtes de Provence & troubloient le commerce. Ils ne tarderent pas à rencontrer plusieurs de ces Corsaires, les attaquerent & les coulerent à fond. Ils épouvanterent tellement les autres, qu'ils se retirerent dans leurs ports &

n'oserent plus se mettre en mer. L'escadre Françoise rentra à Toulon.

Le Divan d'Alger ayant déclaré au Consul de la Nation Françoise qu'il jugeoit à propos de rompre la paix avec la France & de faire partir douze vaisseaux armés en guerre contre les marchands François, Sa Majesté résolut de punir cette insolence avec la derniere sévérité. Elle fit équiper une flotte composée d'onze vaisseaux de guerre, de quinze galeres, de cinq galiotes à bombes, de trois brûlots, de quelques flutes & tartanes : il y avoit sur chaque galiote deux mortiers & quatre piéces de canon. Elle en donna le commandement à M. du Quesne avec ordre d'aller bombarder Alger. Le Chevalier de Tourville servit encore sous lui. Nous renvoyons les détails de cette expédition à la vie de M. du Quesne, qui en rendant compte au Roi de son opération, fit de si grands éloges du Chevalier de Tourville, que Sa Majesté voulut le voir. M. de Seignelai le conduisit lui-même dans le cabinet du Roi. Sa Majesté dit au Chevalier qu'elle avoit dessein d'envoyer l'année suivante une flotte encore plus forte contre les Algériens, pour détruire entiérement leur ville; mais que tous les contretems qu'on avoit essuyés l'étonnoient; qu'elle n'auroit pas cru que les vents fussent si dangereux sur cette rade. Le Chevalier répondit à Sa Majesté que la rade d'Alger étoit sujette à des courans & à des vents orageux; mais que ce n'étoit que pendant certains tems; que pour les éviter, il seroit à propos que Sa Majesté y envoyât son armée de meilleure heure que cette année; que les Algériens, qui avoient déja commencé à ſentir les effets de ſa puiſſance, malgré tous les contretems qui étoient ſurvenus, auroient lieu de ſe repentir de leur témérité, lorſqu'ils ſeroient attaqués dans un tems plus favorable. Le Roi approuva cet avis & le ſuivit.

Le Chevalier de Tourville alla paſſer l'hiver avec ſon frere qui le pria de ſe charger de deux de ſes fils qui deſiroient de ſervir ſur mer. Il fit d'abord quelques difficultés, parce qu'il craignoit que ſes neveux, qu'il aimoit beaucoup, ne fuſſent trop expoſés dans ce dangereux état: il ſe rendit enfin à leurs empreſſemens, & promit de s'intéreſſer pour eux. Il les mena avec lui à Verſailles & les préſenta au Miniſtre de la Marine qui les reçut avec accueil, leur dit,

dit, qu'étant inſtruits par un auſſi habile homme que leur oncle, ils ne manqueroient pas de parvenir ; ajouta qu'il étoit inutile qu'ils entraſſent dans les Gardes-Marines, qu'ils s'inſtruiroient mieux par les exemples de leur oncle que dans ce corps; qu'il falloit qu'ils fiſſent une campagne ſous lui en qualité de Volontaires, & qu'il leur donneroit enſuite de l'emploi.

Le tems propre pour la navigation étant arrivé, le Roi donna ſes ordres pour exécuter le projet qu'il avoit formé contre Alger. M. du Queſne & le Chevalier de Tourville furent chargés de cette ſeconde expédition. M. du Queſne, comme plus ancien Lieutenant-Général, eut le commandement de la flotte, & le Chevalier de Tourville fut Lieutenant-Général

M

en ſecond. Ils paſſerent le 18 Mai 1683 à la vue des terres de Barcelone, où ils apprirent que pluſieurs vaiſſeaux d'Alger avoient cauſé beaucoup de déſordres ſur la côte. Les Chevaliers de Tourville & de l'Hery ſe détacherent pour courir deſſus; mais ils n'en purent joindre qu'un de quatorze piéces de canon & de cent cinquante hommes d'équipage. Ils s'en rendirent maîtres après un combat très-rude. Le Chevalier de Tourville, qui avoit mené ſes deux neveux avec lui, examina leur contenance. Il vit, avec ſatisfaction, que non-ſeulement le grand feu des ennemis ne les étonnoit pas, quoique ce fût le premier où ils ſe trouvaſſent, mais encore qu'ils ſe préſentoient avec aſſurance pour monter à l'abordage. Ils rejoignirent M. du Queſne avec la priſe, & ils allerent au lieu où ils avoient donné rendez-vous au reste de la flotte. M. le Chevalier de Tourville déploya encore ses talens qui annonçoient la gloire à laquelle il devoit bientôt arriver.

L'aîné de ses neveux fut tué d'un coup de canon. On peut imaginer combien cette perte l'affligea : il étoit attaché à ce jeune homme par les liens du sang & par le mérite qu'il avoit remarqué en lui. Cette seconde attaque dura depuis le 21 Juillet 1683, jusqu'au 18 Août suivant, que M. du Quesne, ayant épuisé toutes les bombes, jugea à propos de se retirer & de repasser en France. Dans cette expédition glorieuse il ruina, pour ainsi dire, la ville d'Alger & mit ces Corsaires hors d'état d'entreprendre, pendant plusieurs années, aucune expédition contre les Chrétiens. Le

Chevalier de Tourville resta quelques jours à Toulon, pour se reposer; se rendit ensuite à la Cour. Son premier soin, en y arrivant, fut d'aller voir M. de Seignelai, qui lui donna les plus grandes marques d'amitié.

La France étant alors en guerre avec l'Espagne, le Roi mit deux armées de terre en campagne, l'une en Roussillon, commandée par le Maréchal de Bellefonds, l'autre en Flandre que Sa Majesté commanda en personne, ayant sous elle le Maréchal de Créqui. Cette année fut remarquable par le bombardement de Gênes qu'on regarde comme une des plus éclatantes actions du regne de Louis XIV. Pendant les guerres entre la France & l'Espagne, la République de Gênes avoit concerté des complots contre la France.

Louis XIV, ayant résolu de punir les Génois, fit équiper une flotte dans les ports de la Méditerranée : elle fut prête à mettre à la voile au mois d'Avril 1684. On en donna encore le commandement à M. du Quesne & au Chevalier de Tourville sous lui. Le Marquis de Seignelai, Secrétaire d'Etat au Département de la Marine, voulut être de cette expédition. L'armée partit le 5 Mai & arriva devant Gênes le 17 du même mois. Le lendemain les galiotes tirerent sur la ville & l'on vit bientôt le feu dans plusieurs endroits : on continua de tirer jusqu'au 24 Mai; on détruisit presque toutes les maisons & les édifices publics. On résolut enfin de faire une descente & de causer des dégâts encore plus considérables. Le Chevalier de Tourville, qui commandoit un détachement de neuf cens hommes, fut le premier qui descendit à terre, malgré le grand feu des ennemis : mais il eut le malheur de perdre son second neveu qui fut tué à côté de lui. Il avoit eu beaucoup de répugnance à l'amener; la perte de l'aîné devant Alger lui avoit fait prendre la résolution de ne plus se charger de celui-ci; mais les pressantes sollicitations de son frere & de son neveu, l'engagerent à changer de résolution. Cette mort lui causa un chagrin très-vif, mais ne l'empêcha pas de continuer à remplir son devoir: il acheva de faire débarquer son détachement; alla se camper au bout du fauxbourg, sous les murailles de la ville, & facilita aux autres détachemens le moyen de débarquer. On mit le feu aux maisons du fauxbourg qui fut entiérement consumé. Alors les troupes se rembarquerent, & on recommença à lancer des bombes sur la ville, ce qui dura jusqu'au 28 de Mai, que M. de Seignelai ordonna d'abandonner l'entreprise & de faire la retraite. Le 29, toute l'armée partit, à l'exception de cinq vaisseaux & de quatre galiotes qui resterent aux environs de Gênes sous les ordres du Chevalier de Tourville, & qui empêchoient tous les vaisseaux Génois de sortir de leur port. La République résolut de mettre tout en usage pour calmer la colere du Roi de France. Sa Majesté demanda que le Doge actuel vînt lui-même avec quatre Sénateurs lui faire réparation au nom de la République, & lui assurer qu'elle feroit, par la suite, tout ce qui dépendroit d'elle pour mériter sa bienveillance. Les Génois accepterent ces conditions, & on manda à M. de Tourville de revenir avec les vaisseaux qu'il commandoit. Le Doge se rendit en France, accompagné des quatre Sénateurs, & parut devant le Roi, le premier Mai 1685.

Les Corsaires de Tripoli, malgré la paix que le Roi avoit accordée à leur nation en 1683, avoient osé aller en course contre les vaisseaux marchands de France & en avoient pris quelques-uns. Sa Majesté, justement indignée, ordonna de faire un armement pour les obliger à observer le traité de paix, à rendre les esclaves François & à réparer le tort qu'ils avoient fait à ses sujets. M. le Maréchal d'Estrées, alors Vice-Amiral, fut chargé de cette expédition, & eut sous lui le Chevalier de Tourville. Ils partirent de Toulon au commencement de Juin, arriverent le 19 devant Tripoli. Ils mirent bientôt les Tripolitains à la raison; les forcerent à payer deux cens cinquante mille livres de dédommagement & à rendre tous les esclaves François qu'ils avoient pris. Après cette expédition le Maréchal d'Estrées & le Chevalier de Tourville firent voile à Tunis, obligerent le Deï & les Corsaires de rendre tous les esclaves qu'ils avoient pris sur les François & de payer les frais de l'armement. Ils se rendirent ensuite à Toulon, où ils désarmerent & retournerent à la Cour.

Le Roi ne mit point de flotte en mer l'année 1686, ce qui fut cause que le Chevalier de Tourville resta sans occupation. Louis XIV se trouvant fort incommodé de la fistule, prit le parti de se faire faire l'opération : elle fut fort douloureuse, parce que la chirurgie n'étoit pas encore arrivée à la perfection où elle est aujourd'hui. Sa Majesté la souffrit avec patience & avec fermeté. Lorsqu'elle fut entiérement guérie, tous ses sujets manifesterent leur joie par des réjouissances. La Cour marqua la sienne par des carousels, où les Dames parurent avec les Chevaliers. Le Duc de Bourbon, qui étoit chef d'une des quadrilles, engagea le Chevalier de Tourville d'en être.

On croyoit que les Algériens n'oseroient plus s'exposer aux terribles effets de la vengeance de Louis XIV ; mais, ce qui est ordinaire aux brigands, leur avidité triomphoit de la crainte : ils couroient encore sur les bâtimens François. On arma une escadre à Toulon; on en donna le commandement au Chevalier de Tourville qui alla sur les côtes d'Alger. Il trouva plusieurs Corsaires de cette nation près de Ceuta, les attaqua, coula à fond leur Amiral qui étoit de quarante piéces de canon, deux vaisseaux de vingt-six; se rendit maître des autres & fit beaucoup de prisonniers. Le Chevalier alla ensuite croiser aux environs de la Sardaigne, y rencontra deux vaisseaux Algériens montés de 63 piéces de canon chacun. Il les attaqua, les obligea de se faire échouer sur la côte méridionale de cette île, près de celle de Vaca; leur prit 180 Turcs & délivra 46 esclaves Chrétiens, presque tous François. Voyant que le tems devenoit trop mauvais pour qu'il pût tenir la mer, il alla désarmer à Toulon & retourna à la Cour.

Louis XIV s'étoit rendu formidable à tous ses voisins par une longue suite de succès; presque tous les Princes de l'Europe formerent contre lui une ligue qu'on appella la ligue d'Augsbourg. L'Empereur, la Hollande, les Electeurs de Saxe & de Brandebourg se mirent à la tête. Le Roi, informé de ce qui se tramoit contre lui, & que les Hollandois faisoient de grands préparatifs de guerre, commença par faire arrêter tous les vaisseaux Hollandois qui se trouverent dans ses ports, &, sans attendre que la guerre fût déclarée, il envoya une armée sur le Rhin, en donna le commandement au Dauphin qui avoit sous lui le Maréchal de Duras. Il en envoya une autre en Flandre sous les ordres du Maréchal d'Humieres.

Sa Majesté fit en même-tems équiper une eſcadre de cinq vaiſſeaux à Breſt, pour aller contre les Hollandois, & en deſtina le commandement au Chevalier de Tourville. Elle ordonna au Marquis de Seignelai de la faire préparer promptement & d'apprendre au Chevalier de Tourville qu'elle l'avoit choiſi pour la commander; qu'elle vouloit lui donner ſes ordres elle-même avant ſon départ. Le jour étant marqué, M. de Seignelai le préſenta à Sa Majeſté, qui lui dit qu'elle lui donnoit le commandement de ſon eſcadre, par la confiance qu'elle avoit en lui; que ſon intention étoit qu'il croisât aux environs de la Manche pour faire quelques priſes ſur les Hollandois; qu'il allât enſuite joindre la flotte que devoit commander le Maréchal d'Eſtrées & qui étoit deſtinée pour châtier les Algériens qui avoient encore enlevé quelques vaisseaux François. Le Chevalier de Tourville remercia le Roi, l'assura de son zèle & de son empressement à exécuter ses ordres, se rendit promptement à Brest, mit aussi-tôt à la voile. Quelques jours après son départ, on l'avertit qu'on appercevoit deux vaisseaux qu'on reconnut être Hollandois. Le Chevalier leur donna la chasse, les joignit & les attaqua. Les Hollandois se défendirent avec courage; le combat fut long & opiniâtre; mais le Chevalier les força à la fin de se rendre: ils venoient d'Alexandrette & étoient chargés pour plus de six millions de marchandises. Il envoya cette prise en France, la fit escorter par deux vaisseaux de son escadre, & avec les trois qui lui restoient, prit la route d'Alger. Il rençontra deux vaisseaux Espagnols commandés par le Vice-Amiral Papachin qui revenoit de Naples. Lorsque le Chevalier de Tourville se vit près de lui, il envoya sa tartane pour demander le salut. Papachin répondit avec fierté qu'il n'avoit point d'ordre pour cela & qu'on eût à se retirer. La tartane annonça, par un signal, cette réponse au Chevalier qui arriva sur Papachin à la portée du pistolet & lui lâcha toute sa bordée : Papachin répondit de la sienne. Le Chevalier passa de l'avant, & Papachin, après avoir un peu arrivé, lui lâcha une seconde bordée, revint aussi-tôt pour gagner le vent au Chevalier & y réussit. M. de Château-Régnaut, qui commandoit un des vaisseaux François, prit la place du Chevalier, & après avoir combattu quelque tems d'aſſez près, il abattit le grand mât du vaiſſeau de Papachin. Cependant M. le Comte d'Eſtrées, qui commandoit auſſi un vaiſſeau François, attaqua l'autre Eſpagnol ; s'en rendit maître après trois heures de combat ; fit paſſer ſur ſon bord le Capitaine & tous les Officiers. Auſſi-tôt il avertit le Chevalier de Tourville de ce qu'il avoit fait. Le Chevalier envoya ſon Lieutenant au bord de Papachin pour lui déclarer qu'on alloit le couler à fond, s'il perſiſtoit à refuſer le ſalut. Ce Vice-Amiral avoit vu prendre ſon ſecond vaiſſeau & ſentoit qu'il ne pouvoit réſiſter davantage : il ſalua de neuf coups de canon qu'on lui rendit. On ne put ſavoir combien les Eſpagnols avoient perdu de monde dans ce combat ; mais il paroît qu'ils en perdirent beaucoup & que leurs vaiſſeaux furent très-maltraités. Des matelots Oſtendois qui étoient ſur le bord du vaiſſeau que M. le Comte d'Eſtrées avoit forcé d'amener, dirent à quelques-uns de leur pays qui étoient ſur le vaiſſeau François, qu'on leur avoit tué trente-cinq hommes & qu'il y en avoit autant de bleſſés; que leur vaiſſeau étoit criblé; que celui de Papachin étoit hors d'état de ſe défendre plus long-tems. Ce combat ſe donna le 2 de Juillet 1688 par le travers d'Alicant.

Le Chevalier de Tourville continua ſa route & arriva devant Alger vers la fin de Juillet. Le Maréchal d'Eſtrées y étoit depuis huit jours. On commença le premier Août à lancer des bombes ſur la ville & on continua juſqu'au 16. Il n'y eut pas une maiſon qui ne fût endommagée : on coula à fond cinq vaisseaux qui étoient dans le port. Après cette expédition le Maréchal d'Estrées ramena sa flotte à Toulon. Le Chevalier de Tourville se rendit à la Cour, alla voir le Marquis de Seignelai, qui le présenta au Roi. Le Chevalier raconta à Sa Majesté ce qu'il avoit fait pendant sa campagne : elle lui dit qu'elle étoit satisfaite de la prise des deux vaisseaux Hollandois, & approuva sa conduite à l'égard du Vice-Amiral d'Espagne.

Louis XIV, ayant appris que le Roi d'Espagne étoit entré dans la ligue d'Ausbourg, qu'il armoit contre lui, résolut de le prévenir : il lui déclara la guerre, leva vingt-cinq mille hommes de milice, mit plusieurs armées sur pied, résolut de fournir des troupes & des vaisseaux à Jacques II, que le Prince d'Orange, son gendre, avoit détrôné.

Il ordonna d'armer des vaisseaux du premier rang dans les ports de l'Océan & de la Méditerranée. Les Hollandois & les Anglois avoient fait de grands armemens pour réduire les Irlandois qui étoient demeurés fideles au Roi Jacques: ceux que Louis XIV faisoit faire étoient destinés à soutenir ces derniers. La flotte que Sa Majesté avoit fait armer dans la Méditerranée devoit aller en joindre une autre qui étoit à la rade de Brest; mais cette jonction étoit difficile, parce que les Anglois & les Hollandois réunis cherchoient à s'y opposer. Il falloit d'ailleurs que celle de la Méditerranée passât par le détroit de Gibraltar & côtoyât toute l'Espagne, avec qui la France étoit en guerre & qui avoit une Marine formidable. Le Roi chargea le Chevalier de Tourville de conduire les vaiſſeaux qui étoient à Toulon, & lui dit, en lui donnant ſes ordres, qu'elle l'avoit choiſi par prédilection.

Le Chevalier ſe rendit promptement à Toulon, viſita la flotte : elle étoit compoſée de vingt vaiſſeaux, dont trois étoient du ſecond rang, neuf du troiſiéme & huit du quatriéme. Il y avoit en outre quatre frégates, huit brûlots, deux flutes & deux tartanes. L'équipage de la flotte étoit compoſé de ſix mille huit cens ſoixante-quatorze hommes. Celle qui devoit la joindre & que commandoit M. de Château-Regnaut étoit de ſoixante-deux gros vaiſſeaux de guerre. Les Anglois & les Hollandois ne purent mettre cette année en mer que ſoixante-dix vaiſſeaux. Ils avoient pris toutes les meſures poſſibles pour empêcher le Chevalier de Tourville de joindre M. de Château-Regnaut : mais il sut si bien profiter du vent, qu'il passa au travers de leurs flottes, joignit celle de Brest; ce qui leur causa le plus grand étonnement. Le Marquis de Seignelai qui étoit à Brest, témoigna au Chevalier de Tourvile la joie & la satisfaction qu'il goûtoit de le voir. Comme le Chevalier étoit plus ancien Lieutenant-Général que M. de Château-Regnaut, c'auroit été lui qui auroit commandé la flotte; mais toutes les opérations devoient se faire au nom du Ministre, qui monta sur le vaisseau du Chevalier de Tourville. Le Roi, ayant appris la jonction de ses deux flottes, envoya ordre au Marquis de Seignelai de lever l'ancre, de chercher l'armée des ennemis & de lui livrer bataille. M. de Seignelai, qui avoit envie de voir un combat naval, détacha le 18 Août 1689, le Chevalier de Mené, qui commandoit un vaiſſeau monté de 350 hommes & de 58 canons, pour reconnoître l'armée ennemie qui étoit à la hauteur des Sorlingues. Les Anglois & les Hollandois, qui craignoient de ſe voir forcés au combat, détacherent, de leur côté, un de leurs plus gros vaiſſeaux, pour découvrir où étoit notre flotte, afin d'éviter ſa rencontre. Le Chevalier de Mené l'apperçut, appareilla promptement, le joignit à la portée du mouſquet, avança, l'approcha enfin juſqu'à la portée du piſtolet, lui lâcha ſa bordée, le démâta, le déſempara. On fit enſuite un grand feu de mouſqueterie de part & d'autre. Le Capitaine Anglois fut bleſſé à mort; ſoixante hommes de ſon équipage furent tués; plus de cent mis hors de combat. Les François se rendirent maîtres de ce vaisseau. Le Chevalier de Mené eut un bras emporté d'un coup de canon; mais ce brave Officier continua de commander comme s'il n'eût pas été blessé; & ne songea à se faire panser, que quand il eut pris le vaisseau ennemi; mais il mourut le lendemain de sa blessure. M. de Combes, Capitaine en second, prit alors le commandement du vaisseau, fit remorquer celui des ennemis, & dirigea sa route vers la flotte Françoise: s'étant apperçu que huit ou dix de celle des ennemis avançoient sur lui à pleines voiles & qu'il ne pouvoit aller assez vîte à cause du vaisseau qu'il remorquoit, il fit passer sur son bord tous les ennemis qui y étoient, y mit le feu. Les ennemis, voyant leur vaisseau sauter, s'arrêterent dans leur courſe & laiſſerent M. de Combes regagner la flotte Françoiſe. Il n'y eut que douze hommes tués ſur ſon bord & quinze mis hors de combat. Les deux armées navales ne firent plus rien de remarquable pendant le reſte de la campagne, parce que les ennemis eurent toujours ſoin d'éviter les François.

Le Chevalier de Tourville fut très-fâché de n'avoir pu ſatisfaire la curioſité de M. le Marquis de Seignelai qui deſiroit de voir un combat naval. Il relâcha à Breſt & retourna à la Cour avec le Miniſtre. Depuis long-tems ſes parens & ſes amis le preſſoient de quitter l'Ordre de Malthe & de ſe marier. Il céda enfin à leurs ſollicitations au commencement de l'année 1689, quitta la Croix & prit le nom de Comte de Tourville.

Le

Le Marquis de Seignelai, le voyant libre, lui proposa de le marier; mais il avoit de l'éloignement pour le mariage, craignoit d'ailleurs que les soins d'un ménage & d'une famille ne l'occupassent trop, ne l'empêchassent de se livrer aux soins de la Marine & ne missent un obstacle à son avancement. Il communiqua ses craintes au Ministre qui parvint à les lui ôter. Alors le Marquis lui proposa trois personnes que le Comte connoissoit. Il se détermina pour la Marquise de la Popeliniere qui, avec les qualités du cœur & de l'esprit, une figure très-agréable, possédoit de grands biens. Le Marquis de Seignelai se chargea d'en faire la proposition à la Dame. Elle l'accepta, même avec satisfaction. Le Comte de Tourville étoit, comme on l'a déja dit, un des plus beaux hommes de ſon tems : ſon mérite lui avoit acquis l'eſtime de tout le monde ; le Roi même en faiſoit beaucoup de cas : il étoit enfin preſque dans la certitude d'arriver aux premieres dignités. Ce mariage ne tarda pas à ſe faire : ce fut vers la fin de Janvier 1689, que le Comte de Tourville épouſa Louiſe-Françoiſe Laugeois, veuve de Jacques Darot, Marquis de la Popeliniere, & fille de Jacques Laugeois, Seigneur d'Imbercourt, Secrétaire du Roi, Fermier-Général, & de Françoiſe Goſteau. Le Roi lui fit l'honneur de ſigner ſon contrat de mariage, & lui dit, en le ſignant : « Je ſouhaite que vous ayez » des enfans d'un mérite auſſi diſtin» gué que le vôtre & qui ſoient auſſi » utiles à l'Etat que vous ». Les nôces furent célebrées à Paris avec beaucoup de magnificence. Le Marquis de Seignelai y assista avec plusieurs autres Seigneurs. Le Comte de Tourville passa quelques jours auprès de sa nouvelle épouse, se rendit ensuite à Versailles pour faire sa cour & n'être point oublié dans l'armement que le Roi se proposoit de faire.

Depuis long-tems le Duc de Savoie avoit des intelligences avec les ennemis de la France ; il avoit même promis de livrer passage à leurs troupes pour faire la conquête du Dauphiné. Le Roi envoya une armée contre lui, & en donna le commandement à M. de Catinat, alors Lieutenant Général. Le Duc de Noailles en commanda une en Catalogne. Le Dauphin marcha en Allemagne à la tête d'une troisiéme, ayant sous lui le Maréchal de Lorges ; la quatriéme qui passa en Flandre, étoit commandée par le Maréchal de Luxembourg. Outre ces quatre armées, le Roi envoya des secours au Roi Jacques II, dont le parti se soutenoit encore en Irlande. On armoit, en même tems, à Brest une flotte considérable qui étoit destinée à aller dans la Manche chercher celle des ennemis qui étoit composée de vaisseaux Anglois & Hollandois. Le Roi confia le commandement de la flotte au Comte de Tourville, &, pour lui donner des marques de la satisfaction qu'il avoit de ses services, le fit Vice-Amiral, Général de ses armées navales, avec ordre d'arborer pavillon d'Amiral. Après avoir remercié Sa Majesté, il partit pour Brest, sortit du port le 9 Juin 1690. La flotte étoit composée de 60 vaisseaux & de quelques autres, dont on attendoit que les équipages fussent remis des fatigues qu'ils avoient essuyées dans le voyage d'Irlande. Plusieurs autres qui étoient à Rochefort & à Dunkerque, & six gros vaisseaux que M. de Château-Regnaut commandoit dans la Méditerranée, devoient encore la joindre. Les vents contraires obligerent cette flotte de rentrer dans le port le 12 du même mois. Elle étoit divisée en trois escadres, la blanche, la blanche & bleue, & la bleue. Les vaisseaux avoient les flammes de la couleur de leur escadre. Outre les soixante vaisseaux de guerre, il y avoit vingt-un brûlots. M. de Château-Regnaut la joignit avec ses six vaisseaux: plusieurs galeres, qu'on avoit fait construire à Rochefort, se rendirent aussi à Brest, & la flotte Françoise se trouva alors composée de soixante-dix-huit gros vaisseaux, outre les frégates & les bâtimens de charge. Cet armement formidable n'épuisa pas les forces de la France : on envoya encore neuf frégates croiser sur les côtes d'Irlande, & on arma vingt-deux galeres dans la Méditerranée. Le 23 Juin, le vent devint favorable & la flotte partit de Brest : elle entra le 29 dans la Manche & rangea les côtes d'Angleterre.

Le 5 de Juillet, les deux flottes mouillerent à la vue l'une de l'autre. M. de Tourville envoya reconnoître celle des ennemis par Jean Bart qui rapporta qu'elle étoit composée de quarante-sept vaisseaux de guerre & de trente autres petits bâtimens tant frégates que brûlots. Elle cherchoit à éviter le combat & à se ménager l'avantage du vent qu'elle avoit ſur celle de France, parce qu'elle attendoit un nouveau ſecours de Hollande. Le 7, les deux armées appareillerent au flot, & le Comte de Tourville reçut un paquet de la Cour, par lequel M. le Marquis de Seignelai lui faiſoit part de la victoire que le Maréchal de Luxembourg avoit remportée ſur l'armée des alliés à Fleurus, avec un ordre précis de joindre & de combattre les ennemis le plus promptement qu'il pourroit. Le 10 du même mois, après bien des marches & des contre-marches, le Comte de Tourville découvrit entre l'île de Wich & le Cap Ferlai, l'armée ennemie rangée en bataille & qui venoit ſur lui vent arriere à la faveur d'un vent nord-nord-eſt & du juſſan. Elle étoit alors compoſée de ſoixante gros vaiſſeaux de guerre, parce qu'elle avoit reçu les ſecours qu'elle attendoit de Hollande; de pluſieurs autres bâtimens qui conſiſtoient en frégates, brûlots, &c. Elle montoit enfin à cent douze voiles.

Le Comte, voyant que les ennemis avoient réſolu de combattre, ſe mit en ordre de bataille. L'arriere-garde que commandoit M. de Château-Regnaut, ſe trouvant au vent de l'armée, fit l'avant-garde : M. le Comte d'Eſtrées qui étoit ſous le vent, fit l'arriere-garde: en moins d'une heure & demie, toute l'armée fut rangée ſur une ligne. Celle des ennemis qui formoit deux lignes, s'étendit & fit face à toute la flotte Françoiſe. Les Hollandois, commandés par le Général Hervertem, étoient à l'avant-garde: les Anglois, commandés par l'Amiral Herbert, avoient l'arriere-garde.

Le corps de bataille étoit composé de vaisseaux des deux nations & commandé par le Vice-Amiral Hollandois Calimbourg. Les brûlots & autres bâtimens étoient au vent de cette ligne & en formoient une entr'eux.

(*) Le combat commença sur les neuf heures du matin. Le Général Hervertem tira le premier sur l'avant-garde ; Hebert en fit autant sur l'arriere-garde ; le Vice-Amiral Hollandois suivit leur exemple au corps de bataille. Le Comte de Tourville vouloit les approcher de plus près ; mais il ne put y réussir, parce qu'ils avoient le vent sur lui : alors il fit un feu terrible. Après deux heures de combat, on s'apperçut que l'Amiral Anglois

(*) Mém. de Tourville, Mém. de Quincy.

plioit : il ne s'étoit d'ailleurs présenté qu'à l'endroit le plus foible de la ligne que formoit l'armée Françoise ; où étoit la jonction de l'avant-garde & du corps de bataille ; mais il y avoit trouvé tant de résistance de la part de M. d'Amfreville, qu'il n'osa même s'attacher au Magnifique de quatre-vingts piéces de canon, que commandoit ce brave Officier, quoique le sien fût de cent dix. Il n'attaquoit que les plus foibles & n'en faisoit plier aucun : la résistance vigoureuse qu'il trouva dans MM. de S. Pierre, de Sepville & de Belle-Fontaine l'effraya au point qu'il n'osa se joindre au Contre-Amiral Hollandois qui, avec trois vaisseaux du premier rang, combattoit contre le Comte de Tourville & ses deux matelots commandés par MM. de Coëtlogon

& de la Porte. Le reste de la division Angloise ne se battit pas mieux contre celle que commandoit M. le Comte d'Estrées. Enfin l'Amiral Anglois, voyant la mer calme, se retira de dessous le feu des François qui l'incommodoit beaucoup.

Les Hollandois combattirent avec une intrépidité qui fut admirée des François mêmes. Ils s'étoient d'abord proposé de faire plier les différentes escadres & de les diviser; mais ils y trouverent tant de résistance, qu'ils abandonnerent ce projet, étendirent leurs lignes & formerent un front opposé au corps de bataille de l'armée Françoise. Ayant trouvé dans la premiere escadre du corps de bataille que commandoit M. de Nesmond, autant de résistance & de vigueur que dans l'avant-garde, ils abandonnerent leur projet, se retirerent. Leur Vice-Amiral, ses deux matelots & quelques autres vaisseaux se battirent jusqu'à la derniere extrêmité contre le Comte de Tourville qui les rasa & les cribla, ce qui les força enfin de se retirer & d'abandonner cinq de leurs bâtimens, qu'ils firent remorquer par leurs chaloupes. Les François en coulerent à fond quelques-unes & prirent un vaisseau Hollandois de soixante-dix piéces de canon que les ennemis ne purent remorquer.

La perte des derniers fut considérable ; ils eurent plus de dix vaisseaux démâtés: plus de six de leurs plus gros furent mis hors d'état de pouvoir servir. Ils seroient même tous tombés entre les mains des François, si le vent du sud qui commença à souffler, vers la fin du combat, n'eût été contraire à ceux-ci. Le dommage que les François essuyerent ne fut pas considérable quoique les ennemis eussent eu l'avantage du vent au commencement du combat. Le Terrible que commandoit M. le Pannetier, fut fort endommagé par une bombe qui tomba sur sa poupe, la rasa, le réduisit en frégate & mit cent hommes de son équipage hors de combat. Quatre autres perdirent beaucoup de leurs équipages ; mais les mâts & le corps des vaisseaux ne furent point endommagés. Après une heure de combat, un Anglois voulut brûler un des vaisseaux de la flotte Françoise; mais il fut brûlé lui-même par un coup de canon chargé à boulet rouge, que lui fit tirer le Comte de Tourville.

On tira du vaisseau Hollandois

qu'on avoit pris tout ce qui pouvoit être utile, & on y mit le feu, afin de n'avoir rien qui empêchât de poursuivre les ennemis. Le Comte de Tourville s'apperçut qu'ils en faisoient remorquer cinq, tous démâtés; qu'ils avoient mis le feu au Vice-Amiral Hollandois: il brûla pendant une partie de la nuit & sauta en l'air avec un bruit épouvantable, lorsque le feu eut gagné les poudres. Le Comte détacha un vaisseau de chaque division avec quelques brûlots pour aller brûler plusieurs vaisseaux qui s'étoient précipités sur les côtes d'Angleterre, ce qu'ils exécuterent assez promptement. Ainsi les ennemis perdirent dans ce combat dix vaisseaux; six de leurs plus gros dont le moindre étoit de soixante piéces de canon, un de quatre-vingt-douze, deux de quatre-vingt & un de soixante-six. Le Comte de Tourville fit encore brûler deux vaiſſeaux ennemis échoués au cap de la Pie. Pluſieurs autres eſſuyerent le même ſort en différens endroits : enfin les ennemis perdirent quinze gros vaiſſeaux & cinq brûlots ; les deux tiers de leurs équipages, dont une partie fut miſe à mort ; le reſte mis hors de combat ou fait priſonnier. Il eſt certain que les Anglois ne montrerent pas dans cette action le courage qui eſt ordinaire à leur nation.

Le Comte de Tourville ne perdit ſeulement pas une chaloupe. Le nombre des morts ne monta qu'à quatre cens hommes, & celui des bleſſés à cinq cens; Le Chevalier de Clermont, Capitaine de galeres, les Chevaliers de Juillart, de Rhotelin & de Cerceaux, Enſeignes de vaiſſeau, furent tués. M. de Mazançourt, Lieutenant de vaisseau, eut la mâchoire cassée en deux endroits & la clavicule de l'épaule. M. de l'Isle, Lieutenant des Gardes de la Marine, eut un bras emporté ; M. de Belleville, Aide-Major, fut blessé d'un éclat à la tête ; MM. de Larriere & de Cagolin, l'un Lieutenant de galiote, l'autre Enseigne de vaisseau, eurent chacun une jambe emportée.

Les flottes ennemies allerent se radouber dans la Tamise. Les Etats de Hollande armerent quatorze nouveaux vaisseaux de guerre, les firent passer dans la Tamise pour renforcer la flotte combinée. Le Comte de Tourville regagna les côtes de France ; fit panser les blessés, radouber & pourvoir de rafraîchissemens ses vaisseaux ; completta le nombre de ses équipages ; prit de la poudre & des boulets.

Il envoya à la Cour le Marquis de Château-Morand, son neveu, pour y porter la nouvelle de ce combat. Le Marquis en apporta l'ordre de faire un détachement de cinq vaisseaux bons voiliers, de les envoyer croiser à la hauteur de l'île de Wich, sous les ordres du Chevalier de Château-Morand. M. de Raymondi que le Comte de Tourville avoit aussi envoyé à la Cour, revint joindre l'armée; apporta aussi l'ordre de faire deux détachemens considérables, l'un de cinq vaisseaux de guerre & de deux brûlots, pour aller en Irlande sous les ordres du Marquis d'Amfreville; le second, composé d'un pareil nombre de vaisseaux, sous les ordres de M. de Relingue, Chef-d'Escadre, pour aller croiser à l'entrée de la Manche, du côté du pas de Calais, afin d'observer l'armée des ennemis & d'en rendre compte à M. de Tourville qui partit, peu après, avec le gros de l'armée pour les côtes d'Angleterre. Il apprit en même-tems qu'il y avoit dans la baye de Tingmouth douze vaiſſeaux Anglois; prit la réſolution d'y faire une deſcente pour les brûler; forma un détachement de pluſieurs chaloupes; y mit dix-huit cens hommes de débarquement; les fit remorquer par des galeres. Le 5 Août, ces derniers vaiſſeaux ſe rangerent le plus près du rivage qu'il leur fut poſſible, afin de favoriſer la deſcente. Le Comte d'Eſtrées qui commandoit le débarquement, mit pié à terre le premier & fut ſuivi par tous les ſoldats & les Officiers. Les François ſe rangerent auſſi-tôt en bataille; marcherent droit à un retranchement des ennemis, où il y avoit environ cent cinquante hommes qui prirent la fuite avec précipitation. M. le Comte d'Eſtrées s'empara du retranchement, où il trouva trois piéces de canon qui étoient braquées ſur l'endroit de la deſcente. Alors le Comte de Tourville détacha pluſieurs vaiſſeaux pour aller brûler ceux des ennemis qui étoient dans le port. Il y en avoit neuf de quarante piéces de canon, deux de trente & un de vingt-quatre, tous armés en guerre. On y trouva en outre huit vaiſſeaux marchands chargés de cuirs, de draps & de bas. On tranſporta les canons & les marchandiſes dans les galeres & on brûla les vaiſſeaux. Cette expédition ſe fit en moins de cinq heures, ſans qu'on perdît un ſeul homme, même à la vue de ſix mille ennemis qui n'étoient qu'à ſix lieues de-là. Ce qui contribua beaucoup au ſuccès fut une fauſſe alarme que le Comte de Tourville leur donna pendant toute la nuit du côté de Torbay avec une douzaine de chaloupes remplies de mouſqueterie & de mêches allumées. Par cette ruſe il tint la plus grande partie des ennemis en échec. Il ramena ſa flotte triomphante à Breſt. La victoire qu'il venoit de remporter ſur les armées navales des Anglois & des Hollandois réunis rendit le Roi maître de la mer.

Le Comte alla à la Cour où le Roi lui marqua beaucoup de ſatisfaction ſur la victoire qu'il avoit remportée dans la Manche & ſur tout ce qu'il avoit fait pendant la campagne : il fit même ſon éloge publiquement. Le Marquis de Seignelai, de ſon côté, lui faiſoit connoître combien il étoit flatté de voir qu'il ſe rendoit de plus en plus digne de ſa protection & de ſon amitié ; qu'il ſoutenoit la gloire de la Marine Françoiſe. Celle dont ce grand homme jouiſſoit le flattoit d'autant plus qu'il ne pouvoit ſe céler à lui-même qu'il la méritoit. Sa femme qui l'aimoit tendrement, partageoit avec lui ſa ſatisfaction.

Cette année qui eſt 1690, fut une des plus glorieuſes du regne de Louis XIV : il triompha de ſes ennemis ſur terre & ſur mer. M. de Catinat, alors Lieutenant-Général, gagna la bataille de Stafarde, prit Suze, Cavours & une partie de la Savoie : le Maréchal de Luxembourg gagna celle de Fleurus. On frappa pluſieurs médailles qui annonçoient ces triomphes.

Le bonheur qui ſembloit attaché au Comte de Tourville, fut interrompu par un accident auquel il ne croyoit pas devoir s'attendre : le Marquis de Seignelai, son ami, son protecteur, mourut presque subitement, le 3 Novembre 1690. Ce Seigneur sentant sa fin approcher, envoya chercher le Comte, lui dit un adieu si touchant qu'il lui fit verser des larmes. Le Marquis de Seignelai étoit fils de Jean-Baptiste Colbert, Ministre & Secrétaire d'Etat, dont il avoit eu toutes les places, excepté celle de Sur-Intendant des bâtimens qui fut donnée à M. de Louvois. Il n'avoit que trente-neuf ans lorsqu'il mourut.

M. de Pontchartrain, de la Maison de Phelipeaux, Contrôleur-Général des Finances, fut nommé Ministre de la Marine & occupa ces deux places à la fois. Si-tôt que le Comte de Tourville en fut informé, il alla lui faire son compliment &

lui demander sa protection. Le nouveau Ministre le reçut avec des marques de distinction; lui dit qu'il étoit instruit de l'estime que le Marquis de Seignelai avoit pour lui & du cas qu'il faisoit de son mérite; ajouta que c'étoit une justice que ce Ministre lui rendoit; qu'il chercheroit avec empressement les occasions de lui marquer qu'il avoit les mêmes sentimens à son égard; que s'il avoit perdu par la mort du Marquis de Seignelai, un protecteur, non-seulement il le recouvroit en lui, mais encore un véritable ami.

Au commencement de l'année 1691, le Comte de Tourville eût la satisfaction d'avoir des fruits de son mariage: sa femme accoucha d'un fils. Le Comte de Toulouse, Grand-Amiral, le tint sur les fonts de Baptême & lui donna le nom de Louis-Alexandre, qu'il portoit.

Ce que le Comte devoit à la patrie, à sa gloire, à lui-même, à son fils, l'arracha d'entre les bras de cette femme aimable & chérie, pour le conduire au milieu des hasards. Le feu de la guerre étoit allumé dans toute l'Europe : Louis XIV, attaqué de tous côtés, se défendoit & triomphoit de tous côtés. Il marcha en Flandre, prit Mons. Le Maréchal de Lorges arrêta les Allemands consternés ; M. de Catinat continua ses conquêtes dans le Piémont ; le Duc de Noailles soumit une partie du Roussillon. Le Monarque instruit que les Anglois & les Hollandois faisoient de nouveaux préparatifs sur mer, fit équiper un grand nombre de vaisseaux à Brest, en donna le commandement au Comte de Tourville.

Tourville. M. de Pontchartrain lui dit, en lui remettant les ordres du Roi : « Sa Majesté vous a donné la » préférence sur tous les autres Offi- » ciers de Marine, par le cas qu'elle » fait de votre mérite & l'espoir qu'elle » a que vous soutiendrez l'honneur de » sa Marine ». Le Comte se rendit à Brest, fit la revue de la flotte. Elle étoit composée de soixante-quinze vaisseaux de guerre & de vingt brûlots : il y avoit 32814 hommes d'équipage. Elle se trouva encore augmentée de six vaisseaux de guerre qui partirent de Dunkerque & prirent dans leur route deux vaisseaux, l'un Anglois, l'autre Ostendois.

Le Comte de Tourville mit à la voile le 25 de Juin 1691, pour chercher les ennemis & leur livrer combat : mais ils évitoient toujours, avec foin, la flotte Françoise: ayant d'ailleurs été maltraités par la tempête, ils rentrerent dans leurs ports. Tout l'avantage que la flotte de France remporta cette année, fut de prendre onze vaisseaux marchands d'Angleterre qui alloient en Amérique, & trois de guerre qui les escortoient: elle rentra ensuite à Brest. Le Comte de Tourville retourna à la Cour & y passa l'hiver. Au commencement de 1692 sa femme accoucha d'une fille que le frere & la mere du Comte tinrent sur les fonts de baptême.

Le Roi de France, ayant toujours la guerre à soutenir, mit cinq armées de terre sur pied en 1692; une en Flandre, commandée par le Maréchal de Luxembourg, qui battit les ennemis à Steinkerque; une dans les Pays-Bas, sous les ordres du Marquis de

Boufflers; une en Allemagne commandée par le Maréchal de Lorges, qui défit les ennemis à Heydelsheim. Le Duc de Noailles en commanda une dans le Roussillon, & M. de Catinat une autre en Piémont où il prit Embrun. Sa Majesté fit en outre équiper deux flottes; une sur l'Océan, de quarante-quatre vaisseaux, que devoit commander le Comte de Tourville; l'autre sur la Méditerranée, de treize vaisseaux commandés par le Comte d'Estrées qui devoit aller joindre la premiere dans la Manche. M. de Tourville appareilla le 9 Mai 1692, mouilla à Berteaume. Cette flotte étoit destinée à favoriser une descente en Angleterre. Louis XIV avoit alors une multitude d'ennemis sur les bras & vouloit encore rétablir le Roi Jacques II sur le trône d'Angleterre. Il avoit fait assembler en Normandie une armée composée de huit mille François, de quinze bataillons Irlandois, avec ordre de se rendre sur les côtes de Bretagne pour y joindre le Roi Jacques qui l'y attendoit avec toute sa Cour & passer avec lui en Angleterre.

La grande flotte, que commandoit le Comte de Tourville, devoit croiser dans la Manche, pour faciliter le passage au Roi Jacques que le Comte d'Estrées devoit aller prendre avec ses treize vaisseaux, pour lui servir d'escorte. Tout étoit si bien concerté, que la réussite sembloit certaine : mais les vents ne permirent pas au Comte d'Estrées de se rendre où le Prince l'attendoit, & retinrent M. de Tourville à la rade de Berteaume.

Ces accidens donnerent le tems à

la Princesse Marie, fille de l'infortuné Jacques & femme du Prince d'Orange, de faire les préparatifs nécessaires pour rompre cette entreprise. Le Prince d'Orange, qui étoit alors en Hollande, fit équiper la flotte des Etats-Généraux avec toute la diligence possible : elle joignit bientôt celle des Anglois.

(*) Cependant le Comte de Tourville reçut du Roi un ordre, par écrit, d'entrer dans la Manche, de chercher les ennemis, de les attaquer sans faire attention à leur nombre. Ce grand homme n'écouta que son devoir, il partit de la rade le 12 Mai, avec trente-sept vaisseaux & sept brûlots; fut plusieurs fois contrarié dans sa

(*) Mém. du Comte de Tourville, Mém. de Quincy, Hist. générale de la Marine.

marche par les vents du nord-eſt; arriva enfin le 25 du même mois à la hauteur de Plimouth où il fut joint par ſept vaiſſeaux de guerre & un brûlot que commandoit le Marquis de Villette. Sa flotte ſe trouva alors composée de quarante-quatre vaiſſeaux de guerre & de onze brûlots. Celle des ennemis étoit de quatre-vingt-un vaiſſeaux de guerre & de dix-huit brûlots: elle fut encore jointe par ſept vaiſſeaux de guerre. Le 27 Mai, elle fit voile vers la baye de S. Heleine; mais le calme l'empêcha d'avancer au-delà de l'île de Wicht. Le 28, elle remit à la voile, & le 29, au lever du ſoleil, elle apperçut la flotte Françoiſe qui étoit éloignée d'environ trois lieues. Le Comte de Tourville découvrit de ſon côté, la flotte ennemie, qui étoit au large, entre le cap de la Hogue

& la pointe de Harfleur : la brume étoit si forte ce jour-là qu'il ne put reconnoître le nombre des vaisseaux ennemis. Le Roi, ayant appris que toutes les forces des ennemis étoient rassemblées à l'île de Wicht, envoya au Comte de Tourville de nouveaux ordres, par lesquels il lui défendoit d'avancer de ce côté ; lui commandoit au contraire de se tenir à l'entrée de la Manche ou sur l'Ouessant, d'y attendre l'escadre du Comte d'Estrées & plusieurs autres vaisseaux qu'on devoit lui envoyer. Ces derniers ordres arriverent à la Hogue le 29 Août au matin : on fit promptement partir dix barques longues pour les porter au Comte de Tourville ; mais la brume empêcha qu'elles ne vissent sa flotte : elles retournerent à la Hogue sans l'avoir rencontrée. Le Comte fit assembler le conseil de guerre ; (*) pendant que les Officiers délibéroient, il se promenoit dans la chambre, les mains passées derriere le dos, les écoutoit & les regardoit avec cet air de sang-froid que le courage seul donne à l'approche du péril. Tous déciderent qu'il falloit se retirer ; que ce seroit une témérité impardonnable de livrer

---

(*) M. de Fabri, Commandeur de l'Ordre de S. Louis & commandant la Marine à Toulon, a reçu ces détails d'un de ses oncles qui servoit sous M. de Tourville & étoit à l'action : il les a rendus à M. d'Auvergne, ancien Lieutenant-Colonel de Cavalerie, Chevalier de S. Louis, Chef de l'Equitation à l'Ecole-Royale-Militaire, & qui a la réputation, si justement acquise, d'être le plus habile maître d'Equitation qu'il y ait en Europe. C'est lui qui a eu la bonté de les donner à l'Auteur.

combat avec des forces si inégales. Alors il tira de sa poche l'ordre du Roi qu'il avoit par écrit, le montra & dit: *il faut combattre* : aussi-tôt il donna le signal pour qu'on se mît en ordre de bataille. Lorsque la flotte Françoise fut près des ennemis, on compta le nombre de leurs vaisseaux qui montoit à quatre-vingt-huit, dont il y en avoit plus de trente-six à trois ponts.

Le Comte de Tourville, étant au vent des ennemis, auroit pu éviter le combat; mais il voulut suivre les ordres précis que Sa Majesté lui avoit donnés de combattre les ennemis partout où il les rencontreroit, sans examiner leur nombre. Il craignoit d'ailleurs que s'il paroissoit vouloir se retirer, s'étant approché si près d'eux, il ne se trouvât forcé de combattre, après avoir, par cette manœuvre, jetté la terreur dans ſes équipages & donné de la confiance aux ennemis. Il prit le parti d'arriver ſur eux, & s'attacha au corps de bataille, en formant ſa ligne. Le Marquis d'Amfreville, Vice-Amiral blanc & bleu, commandoit l'avant-garde compoſée de quatorze vaiſſeaux: il força de voiles pour empêcher que la tête des ennemis ne gagnât le vent ſur l'armée de France; & M. de Gabaret, Vice-Amiral bleu, commandant l'arriere-garde, ſerra le Comte de Tourville, Amiral blanc & Général commandant le corps de bataille, parce qu'il ne pouvoit prolonger ſa ligne de maniere à faire front à toute l'eſcadre bleue des ennemis.

L'Amiral Ruſſel commandoit le corps de bataille des ennemis, avoit pour Vice-Amiral le Chevalier de

Laval & le Chevalier Schouel pour Contre-Amiral. L'avant-garde, composée de Hollandois, étoit commandée par le Vice-Amiral Allemonde & l'arriere-garde par le Chevalier Ashbi, ayant pour Vice-Amiral M. Rooke & pour Contre-Amiral M. Caster. Lorsque l'Amiral Russel vit que la flotte Françoise venoit à lui, il alla, avec son vaisseau, aussi près du vent qu'il put, afin que tous ceux de sa division vissent ses signaux; fit ensuite signe, en haussant son hunier, pour donner le tems à ses vaisseaux de se placer dans l'ordre qu'il avoit réglé.

Le Comte de Tourville, voyant que tous ses vaisseaux étoient à leur poste, arriva vent arriere sur les ennemis, faisant gouverner directement sur l'Amiral Anglois qu'il vouloit combattre. Le Marquis de Villette fit la même manœuvre sur le Vice-Amiral Anglois. M. le Marquis d'Amfreville, qui commandoit l'avant-garde, s'approcha de celle des ennemis; MM. de Nesmond & de Relingue, qui commandoient la premiere & la troisiéme division de l'avant-garde, en firent autant. La ligne des ennemis étant beaucoup plus étendue que celle du Comte de Tourville, M. de Nesmond se plaça en face des premiers vaisseaux de leur tête, pour qu'elle n'excédât pas celle de France de ce côté. Par cette manœuvre il se trouva un grand espace de la ligne des ennemis, dont les vaisseaux n'étoient point occupés, entre la derniere division de l'avant-garde du Comte de Tourville & la premiere du corps de bataille. M. le Marquis d'Amfreville, craignant que les vaissſeaux ennemis, qui n'étoient point occupés, ne reviraſſent ſur lui, n'arriva pas davantage & ſe plaça de maniere à être toujours au vent d'eux: M. de Relingue en fit autant. MM. de Gabaret & de Coetlogon qui étoient de l'arriere-garde ſe poſterent dans la ligne avec leur diviſion & arriverent ſur ceux des ennemis qui leur faiſoient face.

Les ennemis s'étoient mis en panne pour attendre l'armée de France, & étoient rangés ſur une ligne. Les deux armées reſterent quelque tems en préſence ſans tirer un coup de canon de part ni d'autre. Enfin le combat commença ſur les dix heures du matin, le 29 de Mai 1692, par un feu terrible. Il n'y eut aucun vaiſſeau de la flotte Françoiſe qui n'eût affaire à deux ou trois de ceux des ennemis. Le Comte de Tourville soutint le feu de l'Amiral Anglois & de ses deux matelots, qui étoient de cent piéces de canon chacun, & y répondit au point qu'il fit arriver deux fois le premier. M. de Nesmond, dont la division étoit plus avancée que celle des autres, fit un si grand feu sur les Hollandois, qu'il les força d'arriver; mais s'étant apperçû que plusieurs de leurs vaisseaux, qui n'en avoient aucun de ceux de France dans leurs traverses cherchoient à le couper, il fit dire à M. Perinet, qui combattoit avec chaleur, de tenir le vent pour les en empêcher. Vingt-cinq vaisseaux ennemis couperent la division de M. Pannetier qui étoit la derniere de d'arriere-garde & qui ne put se mettre en bataille aussi-tôt que les autres, quoiqu'elle fit force de voiles. Ces vingt-cinq vaiſſeaux, au lieu de ſe porter ſur le corps de bataille de l'armée Françoiſe, lorſqu'ils eurent coupé la diviſion de M. Pannetier, s'attacherent à la ſuivre dans ſes eaux pendant quatre heures. Enfin le courant les porta, vers les ſept heures du ſoir, ſur ce corps de bataille qui étoit mouillé. Le combat devint alors plus furieux qu'il n'avoit encore été. Un petit nombre de vaiſſeaux François eut à ſoutenir le feu de cinquante vaiſſeaux ennemis, tant d'un bord que de l'autre. Le Comte de Tourville & M. de Villette eurent affaire à la plus grande partie & furent entiérement déſemparés. Le Marquis de Coëtlogon & M. de Bagneux quitterent leur poſte pour aller au ſecours du Comte de Tourville qui étoit en danger, ne le quitterent plus & partagerent avec lui tous les périls jusqu'à la fin. Pendant que cela se passoit au corps de bataille, l'avant-garde mouilla, en s'éloignant un peu des ennemis, & sans presque combattre : elle faisoit la sûreté de toute l'armée en empêchant la tête des ennemis de la doubler. Sur les huit heures du soir, on cessa de tirer de part & d'autre, parce que la fumée du canon avoit causé une si grosse brume que l'on ne se voyoit pas. Au bout d'une demi-heure la brume se dissipa & le combat recommença avec le même acharnement parce qu'il faisoit clair de lune.

Le Contre-Amiral de l'escadre rouge des ennemis & ses deux matelots avoient doublé M. de Tourville avec cinq brûlots qui étoient derriere lui : il en détacha un que le flot poussa sur la proue du Comte ; mais il fut détourné par MM. Hautefort, de Clerac & de Battory, Lieutenans, qui se mirent dans des chaloupes avec des grapins, saisirent le brûlot, qui étoit tout en feu & le remorquerent. Ils en détournerent un second, & le Comte de Tourville fut obligé de couper pour en éviter un troisiéme. Un quatriéme fut mal adressé & ne causa aucun dommage : le cinquiéme le fut encore plus. Enfin les vaisseaux ennemis qui avoient doublé l'escadre rouge & l'escadre bleue de France, voyant que leurs brûlots n'avoient eu aucun succès, & fatigués du feu continuel qu'on faisoit sur eux, profiterent du reste du flot pour aller joindre leur armée. Ils couperent & passerent, en dérivant, dans les intervalles des vaisseaux François, & ce passage fut terrible pour eux : ils prêtoient le flanc à ceux-ci qui ne leur présentoient que la proue & tiroient à bout-portant sur eux : le Contre-Amiral Anglois fut criblé. Cette opération fut la fin du combat : il étoit dix heures du soir. On nomma cette action, *la Bataille de la Hogue*, parce qu'elle se donna aux environs de cette rade.

Le Comte de Tourville ne perdit aucun vaisseau pendant l'action : tous étoient même en état de naviguer. Les ennemis en perdirent deux : un qui fut coulé à fond & l'autre qui sauta ; le reste de leurs vaisseaux fut autant incommodé, pour le moins, que ceux de l'armée de France. Ils perdirent en outre cinq brûlots. Ainsi, malgré l'inégalité des forces, l'avantage fut du côté des François cette premiere journée. Il n'en fut pas de même dans la suite des événemens où la fortune ne seconda pas le courage & l'habileté du Comte de Tourville.

Après le combat, chacun se rangea, sans ordre, auprès du premier pavillon qu'il rencontra : le jussan étant arrivé à une heure après minuit, le Comte de Tourville voulut en profiter pour s'éloigner des ennemis : il tira un coup de canon pour donner le signal d'appareiller ; mit à la voile avec huit vaisseaux qui s'étoient ralliés autour de lui : MM. d'Amfreville & de Villette en firent autant, chacun de son côté ; l'un avec douze vaisseaux, l'autre avec quinze. Le grand éloignement qui se trouvoit entre l'avant-garde & le corps de bataille, joint à une brume qui survint, empêcha MM. d'Amfreville & de Villette de se joindre au Comte de Tourville; mais ils le firent le lendemain à sept heures du matin. Ainsi il ne manquoit plus que neuf vaisseaux au Comte : six avoient pris la route de la Hogue avec M. de Nesmond; les trois autres avoient tourné vers les côtes d'Angleterre pour se rendre à Brest. A huit heures du matin le Comte de Tourville se trouva à une lieue au vent des ennemis, alors il changea de vaisseau, parce que celui qu'il montoit étoit fort endommagé; prit la route du Ras-Blanchard qu'il espéroit passer à la faveur du jussan, pour devancer les ennemis qui prenoient celle des Casquetes. Il leva l'ancre de devant Cherbourg à onze heures du soir, 30 de Mai, entra dans le Ras: à cinq heures du matin il étoit à quatre lieues des ennemis, & de ses trente-cinq vaisseaux, vingt-deux avoient déjà passé le Ras; les treize autres, du nombre desquels étoit le sien, étoient près d'en sortir aussi: le jussan leur manquant tout-à-coup, ils furent obligés d'y mouiller; mais le fond étant très-mauvais, les ancres casserent; on en jetta d'autres qui casserent encore; les courans firent ensuite devirer: enfin ces treize vaisseaux se trouverent sous le vent des ennemis & séparés des vingt-deux autres. Les trois qui étoient le plus maltraités resterent à Cherbourg, parce qu'ils ne pouvoient avancer & qu'ils craignoient d'être pris. Le Comte de Tourville se réfugia à la Hogue avec les six autres, le sien compris. Il y arriva le 31 au soir, & y trouva six autres vaisseaux de sa flotte qui y étoient arrivés avant lui.

Les ennemis s'étoient divisés en

trois escadres ; une avoit poursuivi les vingt-deux vaisseaux qui avoient passé le Ras ; mais ayant beaucoup d'avance sur elle, ils arriverent à S. Malo, sans qu'elle pût les atteindre ; une autre resta devant Cherbourg, dans le dessein d'enlever les trois vaisseaux qui y étoient entrés ; n'ayant pu en venir à bout, elle les brûla : la troisiéme escadre, qui étoit composée de quarante vaisseaux & de plusieurs brûlots, & à laquelle les deux autres se joignirent peu de jours après, enferma les vaisseaux du Comte de Tourville dans la rade de la Hogue. Le Roi Jacques, qui y étoit avec le Maréchal de Bellefonds & M. de Bon-Repos, délibéra avec les Officiers-Généraux sur le parti qu'on devoit prendre dans cette conjoncture. Après avoir reconnu qu'on ne pouvoit sauver les vaisseaux François, qu'en les défendant on pourroit les exposer à être pris par les ennemis, on en tira les équipages, les canons, les agrèts, on les fit échouer, & on arma des chaloupes pour leur défense; mais les ennemis en armerent, de leur côté, un si grand nombre, qu'ils vinrent à bout de brûler six de ces vaisseaux le 2 Juin au soir, & les six autres le lendemain. Il est certain que la France n'auroit pas fait cette perte, si l'escadre de M. le Comte d'Estrées n'eût point été arrêtée par les vents : M. le Comte de Tourville, étant plus en forces, auroit pu battre les ennemis; ou s'il eût reçu le contre-ordre que le Roi lui avoit envoyé, il n'auroit pas combattu avec des forces si inégales; ou enfin si la France avoit eu dans la Manche des ports capables de recevoir des vaisseaux de guerre. Malgré ces accidens, la perte des ennemis fut plus considérable en hommes que celle des François : celle des Anglois monta à deux mille hommes tués & à trois mille blessés. L'Amiral Russel, étonné des prodiges de valeur qu'il avoit vu faire au Comte de Tourville, lui manda qu'il le félicitoit sur l'extrême valeur qu'il avoit montrée en l'attaquant & en combattant si vaillamment, quoiqu'avec des forces très-inégales. Dans la même lettre il faisoit aussi des complimens à MM. de Château-Morant & d'Amfreville qui avoient fait un beau feu sur lui & sur ses matelots (*). Louis XIV, en

(*) On sait qu'on appelle Matelots deux vaisseaux qu'un Amiral, Vice-Amiral, ou Commandant d'une division ont pour les secourir, l'un à son avant, l'autre à son arriere.

apprenant

apprenant le malheur arrivé à sa flotte, dit: *Je n'ai rien à me reprocher ; je ne commande point aux vents. J'ai fait ce qui dépendoit de moi, Dieu a fait le reste. Puisqu'il n'a pas voulu le rétablissement du Roi d'Angleterre, il faut espérer qu'il le reserve pour une autre tems. Tourville est-il sauvé? On peut trouver des vaisseaux ; mais on ne trouve pas aisément des hommes comme lui.* M. le Duc de Vendôme, juge aussi éclairé que sincere, lui écrivit en ces termes, lorsqu'il apprit ce qui s'étoit passé à la bataille de la Hogue : « Bien des » Généraux, en remportant la victoi- » re, n'ont pas acquis tant de gloire » que vous en la perdant ». Le Comte de Tourville alla à la Cour, où il eut la satisfaction de voir qu'on lui rendoit justice. Si-tôt que le Roi l'apperçut, il dit à M. de Villeroi, qui étoit à côté de lui : *Voilà un homme qui m'a obéi à la Hogue.* Ce laconiſme préſente une multitude d'idées à l'eſprit : mais on auroit tort de le commenter : il eſt ſublime. Lorſque le Comte aborda Sa Majeſté, Elle eut la bonté de lui tenir ce langage flatteur & conſolant : *Comte de Tourville, j'ai eu plus de joie d'apprendre qu'avec quarante de mes vaiſſeaux, vous en avez battu quatre-vingts de mes ennemis pendant un jour entier, que je ne me ſens de chagrin de la perte que j'ai faite.* Perſonne ne ſavoit dire des choſes agréables comme Louis XIV.

Ce ne fut pas ſeulement en France qu'on rendit juſtice à la valeur & aux talens de M. de Tourville : il connut par lui-même celle qu'on lui rendoit chez l'étranger. On trouve dans ses Mémoires plusieurs lettres qui lui sont adressées des pays étrangers & qui font le plus grand éloge de sa prudence & de sa valeur.

Le Comte de Tourville alla passer le reste de l'année dans sa famille, pour se délasser des fatigues de la campagne. La satisfaction qu'il y goûtoit fut troublée par la nouvelle de la mort de M. d'Amfreville, Lieutenant-Général des armées navales : ils s'aimoient tous deux avec une véritable tendresse. Sa Majesté, voulant récompenser & encourager ses Officiers, fit sept Maréchaux de France le 27 Mars 1693, qui furent le Comte de Tourville, le Duc de Noailles, le Duc de Villeroi, le Marquis de Boufflers, M. de Catinat, M. de Joyeuse & le Comte de Choiſeul. Elle fit en outre vingt-huit Lieutenans-Généraux, vingt-ſix Maréchaux de camp, ſoixante-trois Brigadiers. Lorſque le Comte de Tourville alla remercier le Roi, Sa Majeſté lui dit: « M. le Comte, vous vous êtes » rendu digne du bâton de Maréchal » de France par votre mérite & vos » belles actions ». Dès que le Comte de Château-Regnaut apprit cette nouvelle, il alla lui en faire compliment & lui préſenta un diamant, ſuivant les conventions qu'ils avoient faites, lorſqu'ils n'étoient encore que Capitaines de vaiſſeau, comme nous l'avons annoncé ci-deſſus. Le Maréchal de Tourville fit quelques difficultés de recevoir ce préſent; mais le Comte de Château-Regnaut inſiſta au point que le Maréchal l'accepta, en diſant au Comte qu'il ne le prenoit que comme un depôt qu'il lui rendroit lorſqu'il ſeroit lui-même élevé à cette dignité, ce que ſon mérite ne manqueroit pas de lui procurer bientôt. Le Comte de Château-Regnaut y parvint effectivement; mais ce ne fut qu'après la mort du Maréchal de Tourville. Ce fut auſſi cette année que le Roi créa l'Ordre Militaire de S. Louis. Le Maréchal de Tourville ſe trouva, par ſa dignité de Maréchal de France, Chevalier né de cet Ordre.

Pour réparer la perte que la Marine de France avoit faite l'année précédente à la bataille de la Hogue, Sa Majeſté fit conſtruire des vaiſſeaux dans ſes ports & ordonna de les tenir prêts pour le commencement de la campagne; Sa Majeſté en donna encore le commandement au Maréchal de Tourville, avec la liberté d'agir comme il le jugeroit à propos. Le Maréchal reçut ces ordres du Roi même; se rendit à Brest, où il trouva la flotte assemblée & prête à partir: elle étoit composée de soixante-onze vaisseaux de guerre, de plusieurs brûlots, de vingt bâtimens de charge, pour servir d'hôpitaux & de magasins. Il mit à la voile le 26 de Mai. Le Comte de Villars alla à son bord avec une prise qu'il avoit faite. Le Capitaine de cette prise dit au Maréchal de Tourville qu'il croyoit que la flotte marchande ennemie destinée pour Cadix, les côtes d'Italie & Smirne, étoit partie & qu'elle ne pouvoit éviter la flotte Françoise. Le Maréchal relâcha à Logos pour carener ses vaisseaux; il y resta jusqu'au 28, que sur les quatre heures du soir on apperçut deux vaisseaux de garde qui forçoient de voiles pour rejoindre la flotte & tiroient de tems en tems des coups de canon, comme pour annoncer qu'ils voyoient les ennemis. Ces deux vaiſſeaux venoient du Cap S. Vincent, par où la flotte qu'on attendoit devoit venir, en faiſant route depuis le détroit de Gibraltar. Les Capitaines de ces deux vaiſſeaux rapporterent, que dès les ſept heures du matin ils avoient découvert environ cent quarante voiles à quinze lieues au-delà du Cap, qui venoient droit à la flotte Françoiſe ſur trois colonnes; mais qu'ils n'avoient pu diſtinguer ſi c'étoient des vaiſſeaux de guerre ou des vaiſſeaux marchands. Le Maréchal renvoya ces deux vaiſſeaux du côté d'où ils venoient, pour tâcher de mieux reconnoître cette flotte. En même-tems, il fit ſignal à toute l'armée de lever l'ancre, pour ne pas rester dans le cas de surprise. On alla vent arriere toute la nuit, & le lendemain on se trouva à douze lieues de Cargos, dans une situation à pouvoir éviter la flotte qu'on avoit vue, si elle étoit composée de vaisseaux de guerre, & revirer si l'on voyoit que ce fût la flotte marchande.

A sept heures du matin, on entendit, du côté de Logos, un vaisseau qui sauta, en faisant un grand bruit : on entendit la même chose trois ou quatre fois de suite, & l'on vit le long de la côte le feu des navires qui brûloient. C'étoient deux bâtimens de charge que le Chevalier de Sainte-Maure avoit brûlés, n'ayant pu les amener, parce qu'il s'étoit trouvé seul & que les navires de l'escorte le suivoient de près. Cette escorte étoit de vingt-sept vaisseaux de ligne, dont le moindre avoit cinquante canons. L'Amiral étoit de quatre-vingts, le Vice-Amiral & le Contre-Amiral de soixante-dix chacun. Le Chevalier amena les Capitaines des vaisseaux qu'il avoit brûlés : l'un étoit Hollandois, chargé de toiles pour six cens mille livres, & l'autre Anglois, chargé de draps pour cinquante mille écus. Ils annoncerent que c'étoit la flotte marchande. Alors le Maréchal de Tourville fit signal à toute l'armée & força lui-même de voiles pour aller aux ennemis ; mais ils étoient sous le vent & il falloit louvoier pour les joindre : les meilleurs voiliers joignirent l'arriere-garde à l'entrée de la nuit. On la canona pendant une heure & on mit entre deux feux deux navires Hollandois de soixante-quatre canons, qui furent bientôt obligés de se rendre.

Les plus légers vaiſſeaux enfermerent entr'eux & la terre preſque la moitié de ceux des ennemis. Lorſque le jour parut, l'armée Françoiſe fit un demi-cercle fort ſpacieux, prit ou brûla tous les vaiſſeaux qui s'y trouverent enveloppés. On voyoit à chaque inſtant ſauter des vaiſſeaux. On amena en outre pluſieurs flutes au Maréchal de Tourville: la plûpart étoient chargées de mâts du Nord, de cordages & de pluſieurs autres matériaux propres à la conſtruction des navires. Les vaiſſeaux François, qui étoient diſperſés, revinrent peu-à-peu rendre compte au Maréchal de ce qu'ils avoient fait, & preſque tous amenoient des priſes. On lui apprit que cinquante vaiſſeaux ennemis, parmi leſquels il y en avoit quinze de guerre, avoient gagné le large. Sur cet avis il fit le ſignal pour rallier toute l'armée; détacha trois ou quatre vaiſſeaux; les chargea de nettoyer toute la côte & brûler les vaiſſeaux ennemis qu'ils y rencontreroient & qu'ils ne pourroient emmener. Il fit enſuite route vers Cadix, pour en fermer le paſſage aux débris de cette flotte, parce qu'on ſavoit qu'une partie des marchandiſes étoit deſtinée pour cette ville. Le 29, à la pointe du jour, on découvrit des vaiſſeaux qui avançoient vers Cadix; mais ils étoient ſi éloignés de l'armée Françoiſe qu'ils étoient dans la rade, lorſqu'elle mouilla à la vue de cette ville. Neuf étoient déjà entrés dans le port & quelques autres dans la riviere de Guadalquivir. On diſpoſoit les brûlots pour les aller brûler, & on armoit des chaloupes pour les ſoutenir, mais un coup de canon, tiré de la citadelle, cauſa une telle alarme aux vaisseaux ennemis, qu'ils se précipiterent tous dans le port. Les coureurs de l'armée Françoise avoient coupé chemin à deux gros vaisseaux marchands qui allerent se jetter sous une forteresse qui est contre les murailles, & y furent brûlés; ils étoient tous deux richement chargés.

On compta le nombre des vaisseaux qu'on avoit alors brûlés, & l'on trouva qu'il montoit à quarante-cinq: celui des prises étoit de vingt-sept, parmi lesquelles il y avoit deux bâtimens de guerre: Jean Bart, qui étoit de cette expédition, en prit ou en brûla six. Le Maréchal de Tourville détacha l'escadre blanche & bleue, qui étoit de vingt-trois vaisseaux, pour aller croiser au détroit de Gibraltar, où l'on avoit eu avis qu'une partie de la flotte ennemie devoit se rendre. Le

Chevalier de Coëtlogon entra dans le vieux Gibraltar avec huit vaisseaux & huit galiottes, y brûla & coula à fond cinq navires Anglois qui portoient depuis trente-six jusqu'à cinquante canons. Il en prit neuf autres qui étoient chargés de vivres. Les Capitaines des prises assurerent que la perte des ennemis montoit environ à vingt millions. Le Maréchal de Tourville envoya toutes les prises à Toulon, sous l'escorte d'un vaisseau de guerre. Pour lui, il tint la mer, voulant voir s'il n'y avoit point encore quelque chose à faire contre les ennemis, afin de tirer une vengeance complette de la perte que la France avoit essuyée à la Hogue. Le 19 Juillet, on lui annonça qu'il y avoit plusieurs vaisseaux ennemis mouillés dans la rade de Malaga : il prit ses dimensions si juste qu'il les brûla malgré tous les efforts que les ennemis firent pour l'en empêcher. Parmi ces vaisseaux, il y en avoit deux Anglois, trois corsaires de Flessingue, une frégate Turque qu'ils avoient prise, & plusieurs Espagnols.

Après cette expédition, le Maréchal de Tourville se rendit à Toulon avec toute l'armée navale, pour se reposer & pour y prendre des rafraîchissemens. Il y resta quelque tems & y eut une Cour des plus brillantes. Elle étoit composée d'environ quatre mille Officiers de Marine qui mettoient tous de la rivalité dans leur parure. Le nombre des soldats & des matelots montoit à près de soixante-dix mille, tous répandus dans la ville & aux environs. On voyoit des tables dressées dans toutes les rues & des pavillons élevés dessus:

les boutiques étoient fermées, les ouvrages étoient suspendus; les bals étoient ouverts de tous côtés; tous les citoyens s'empressoient d'exprimer la satisfaction qu'ils goûtoient de voir ce Héros dans leur ville: plus de cent quarante voiles qui étoient dans le port faisoient un des plus beaux spectacles qu'il soit possible de voir. Ces fêtes, ces réjouissances flattoient d'autant plus le Maréchal de Tourville, qu'elles célébroient ses triomphes.

Il partit de Toulon le 14 Septembre, pour se rendre aux îles d'Hieres, n'arriva à Brest que le 20 Octobre, parce que le vent lui fut presque toujours contraire. Après avoir fait désarmer, il alla à la Cour pour rendre compte au Roi de sa campagne. Sa Majesté, qui avoit une véritable estime pour lui, le reçut avec le plus grand accueil. Le Maréchal commençoit à sentir un grand dérangement dans sa santé : il provenoit des grandes fatigues qu'il avoit essuyées sur mer, pour ainsi dire, dès son bas âge : il avoit de tems en tems des attaques qui l'empêchoient d'agir. Cependant il se rendoit le plus souvent qu'il pouvoit à la Cour & se présentoit devant le Roi, pour que Sa Majesté ne le crût pas hors d'état de servir : il vouloit sacrifier à sa patrie ce qui lui restoit de forces.

Louis XIV fit en 1694 tous les préparatifs nécessaires pour soutenir la guerre contre les Alliés avec la même vigueur que les années précédentes. Pour former une armée navale, il fit équiper des vaisseaux à Toulon, à Brest, en donna le commandement au Maréchal de Tourville, avec ordre de se rendre ſur la Méditerranée. Cette armée navale étoit deſtinée à ſeconder les entrepriſes du Maréchal de Noailles en Catalogne ; à lui tranſporter des troupes & les munitions dont il pourroit avoir beſoin, & à empêcher les ennemis de faire une irruption en Italie, comme ils en avoient formé le projet. La flotte arriva, le 24 de Mai, dans le golfe de Roſes. Le lendemain, M. de Tourville alla voir le Maréchal de Noailles qui étoit campé aux environs. Ils conférerent quelque tems ſur les opérations de la campagne, &, lorſque le Maréchal de Tourville partit, M. de Noailles lui fournit des chevaux & à toute ſa ſuite qui étoit compoſée d'Officiers de Marine. Il alla même le conduire juſqu'au bord de la mer. M. de Tourville n'eut d'autre occupation, pendant cette campagne, que de favoriſer les convois, les munitions de guerre, les renforts qu'on envoyoit au Maréchal de Noailles qui, par ce moyen, eut la facilité d'aſſiéger Palamos, Gironne, Oſtalrie & Caſtelfoller. Après la priſe de ces places, on avoit réſolu d'attaquer Barcelone. Pour cet effet le Maréchal de Tourville débarqua trois mille hommes à Palamos, autant à Gironne; treize milliers de poudre, huit mille ſeptiers de bled, autant d'avoine, une prodigieuſe quantité de mouſquets, de boulets & de bombes, enfin tout ce qui étoit néceſſaire pour un ſiége; mais le Roi, ayant été informé que les Anglois & les Hollandois avoient fait partir une flotte pour la Méditerranée, afin de fournir du ſecours aux Eſpagnols, envoya un contre-ordre au Maréchal de Noailles, qui mit ſon armée en quartier d'hiver. Le Maréchal de Tourville recut ordre de ramener la flotte à Toulon & d'y rester tout l'hiver armé pour veiller à la sûreté des côtes de Provence, de Languedoc & d'Italie. Lorsque le Maréchal fut arrivé à Toulon, il fit poser des corps-de-garde, & mettre des signaux le long des côtes pour être averti si-tôt qu'on verroit paroître des vaisseaux ennemis. Il mit, en outre, plusieurs vaisseaux garde-côtes qui se relevoient, tint pendant tout l'hiver la flotte prête à partir. Celle des ennemis ne parut point, parce qu'elle essuya une furieuse tempête qui fit périr plusieurs vaisseaux & força les autres de rentrer dans les ports d'Espagne. Elle mit en mer le printems suivant, parut sur les côtes de Provence, sembla vouloir bombarder Marseille & Toulon; mais, voyant les précautions que le Maréchal de Tourville avoit prises, elle n'osa en approcher. Elle étoit commandée par l'Amiral Russel qui se contenta de parcourir pendant tout l'été le golfe de Lyon, les mers de Sardaigne, de Ligurie, & se retira, après avoir essuyé une tempête aussi furieuse que celle de l'année précédente.

(*) Les ennemis, voyant qu'ils ne pouvoient nuire à la France par la force, résolurent d'employer la ruse, même la bassesse. Un nommé *d'Aragne*, natif de Bayonne, avoit proposé à M. de Pontchartrain de brûler les vaisseaux ennemis, par un moyen qu'il avoit imaginé & qu'il assuroit être immanquable. Le Ministre avoit l'ame trop élevée pour

(*) Mém. de Tourville, tom. 3.

écouter cette abominable proposition : il dit à d'Aragne qu'il le feroit sévérement punir s'il mettoit son moyen en usage. Les ennemis en furent instruits & firent proposer à ce scélerat de traiter avec eux, par un marchand Clincaillier, nommé *Magne*, qui étoit de la même ville. Il accepta la proposition, prépara ses artifices chez Magne, se rendit à Rochefort, fit son essai, sans être découvert. Les Espagnols lui firent toucher une somme assez considérable & l'engagerent à aller à Toulon pour exécuter son projet; mais il ne put échapper à la vigilance du Maréchal de Tourville : il fut découvert & arrêté par les ordres de ce Maréchal, & il subit la peine due à son crime.

Les Alliés, voyant qu'ils ne

pouvoient faire aucune entreprise sur les côtes de Provence, résolurent d'en faire sur celles de Bretagne, de Normandie & du Pays d'Aunis en 1694. Le Roi en fut informé, envoya des troupes pour veiller à la sûreté de ces provinces. Le Maréchal d'Estrées eut le commandement des côtes de Bretagne, le Maréchal de Joyeuse celles de Normandie, & le Maréchal de Tourville celles du Pays d'Aunis. Tous trois prirent si bien leurs précautions, qu'ils firent échouer les projets que les ennemis pouvoient avoir formés de ce côté. Le Maréchal de Tourville resta tout l'été dans son gouvernement; voyant que l'hiver approchoit & qu'il n'y avoit rien à craindre du côté des ennemis, il demanda & obtint la permission d'aller à Paris. Il y reçut une lettre, dans laquelle on lui présentoit un projet sur Carthagenes. Celui qui lui avoit écrit cette lettre étoit un nommé Petit, de la Rochelle, qui s'étoit retiré en Hollande, y avoit abjuré la Religion Catholique, à la sollicitation de sa femme, étoit revenu en France & étoit retourné en Hollande après la mort de cette femme. Il y obtint de l'emploi dans la Marine & devint assez bon Marin. La Cour de France chargea le Marquis de Villette, Lieutenant-Général des armées navales, de le prendre. Le Marquis le rencontra un jour en mer & le serra de très-près; mais Petit montoit un vaisseau meilleur voilier que le sien & lui échappa. Quelque tems après, il alla lui-même trouver M. de Magaloti, Gouverneur de Valenciennes, lui dit qu'il desiroit de retourner à la Religion

Catholique & de rentrer dans sa Patrie. Louis XIV ne jugea pas à propos de lui faire faire son procès, en faveur de son intention ; mais il le fit mettre à la Bastille pour s'assurer de sa personne. Petit, pour sortir de captivité, chercha quelque moyen de se rendre utile à l'Etat. Lorsqu'il étoit au service des Hollandois, il avoit parcouru les côtes de Carthagenes, ville située dans l'Amérique méridionale & appartenante aux Espagnols. Il crut qu'il ne seroit pas impossible au Roi de prendre cette place, qui étoit fort riche, parce que c'étoit l'entrepôt de toutes les richesses du Pérou. La grande réputation que le Maréchal de Tourvllle s'étoit acquise, même chez les étrangers, détermina Petit à s'adresser à lui pour faire connoître son projet au Roi. Il parvint à lui faire remettre ſa lettre avec un mémoire contenant les moyens d'exécuter ſon projet. Le Maréchal trouva le projet fort bon : il le donna à M. de Pontchartrain, qui lui dit qu'on en avoit déjà donné au Roi plusieurs ſur Carthagênes ; que celui-ci ayant ſon approbation, il le préſenteroit encore à Sa Majeſté. Le Roi le lut, le trouva plus facile à exécuter que ceux qu'on lui avoit déjà préſentés ; envoya chercher le Maréchal de Tourville, pour ſavoir ce qu'il en penſoit. Le Maréchal dit au Roi que cette entrepriſe pouvoit ſe faire ; mais que les ennemis avoient du côté de ces mers des flottes conſidérables qui pourroient y apporter de grands obſtacles. Le Roi, qui avoit goûté cette entrepriſe, ordonna à M. de Pontchartrain de conſulter en ſecret les meilleurs Officiers de la Marine ſur les difficultés que le Maréchal de Tourville avoit trouvées. Preſque tous répondirent que l'entrepriſe étoit très-difficile & très-dangereuſe. Le Baron de Pontis fut d'un avis différent, propoſa au Miniſtre de s'en charger & promit de réuſſir.

Le Roi avoit goûté ce projet, comme nous l'avons dit, & avoit envie de l'exécuter; mais les fonds manquoient, parce qu'on étoit obligé de faire de grandes dépenſes ailleurs. On trouva une compagnie qui, inſtruite que M. le Maréchal de Tourville avoit dit que la réuſſite étoit poſſible, fournit les fonds néceſſaires pour l'entrepriſe; mais à condition qu'elle en auroit le profit. On y conſentit : elle équipa une eſcadre de huit vaiſſeaux de guerre, de trois frégates, de deux flutres, d'une corvette, d'une galliote à bombes. Le Baron de Pontis partit au mois de Janvier 1697, avec six mille cinq cens hommes. On nomma le Vicomte de Coëtlogon, Général de l'artillerie. Cette escadre fut fortifiée dans la route par plusieurs flibustiers, & mouilla le 12 Avril devant Carthagênes, y trouva peu de résistance & s'en empara. M. de Pontis ordonna à tous les Marchands d'apporter tout leur or, leur argent & leurs pierreries. Il rassembla huit millions en or & en argent, dix-neuf cens marcs d'émeraudes, quantité de gargantilles d'or & d'émeraudes en œuvre, soixante-cinq cloches, quatrevingt-deux piéces de canon de fonte; ruina toutes les fortifications de la ville & des forts; remit à la voile & arriva heureusement en France avec les dépouilles de cette ville opulente. M. de Pontis reçut tous les éloges que l'on crut être dûs à ſon courage & à ſon habileté : pour perpétuer la mémoire de ſon expédition, on fit frapper une médaille. Pendant qu'on ſe réjouiſſoit en France, les habitans de Carthagênes pleuroient leur malheur : on leur avoit enlevé le fruit de leurs travaux, de leur induſtrie; à leur opulence ſuccédoit la miſere la plus affreuſe. L'humanité gémit de voir des hommes traiter ainſi des hommes & s'autoriſer du prétendu droit de la guerre.

Les alliés continuoient d'être armés contre la France. Le Maréchal de Tourville retourna ſur les côtes du pays d'Aunis au commencement du printems de 1697. Il y reçut l'affligeante nouvelle de la mort de ſon frere aîné, qu'il avoit toujours tendrement aimé. Il ſe nommoit François-Céſar, avoit été Colonel d'un régiment de cavalerie, Commandant de la Compagnie des Gens-d'Armes du Prince de Condé, Maréchal des camps & armées du Roi. Il fut choiſi par prédilection, pour être à la tête des Gentilshommes de l'Election de Valogne en qualité de Colonel, par une commiſſion du 7 Juin 1674. Ayant donné en diverſes occaſions des marques d'une valeur ſinguliere, il mourut à ſa terre de Tourville, le 16 Août 1697. Il ne laiſſa qu'un fils nommé Jean-François de Cotentin, Comte de Vauville. Ses deux fils aînés avoient été tués auprès du Maréchal, leur oncle, comme on l'a vu plus haut.

Toutes les Puiſſances, fatiguées de

la guerre, firent la paix à Ryſwick le 2 Septembre 1697. Comme on n'avoit plus rien à craindre ſur les côtes, le Maréchal de Tourville retourna à Paris : il avoit beſoin de repos ; ſa ſanté diminuoit de jour en jour : bientôt il ſe trouva hors d'état d'aller faire ſa cour au Roi avec autant d'exactitude qu'il l'auroit deſiré.

Charles II, Roi d'Eſpagne, mourut au mois de Novembre 1700. Sa mort ralluma la guerre dans toute l'Europe. Il avoit appellé à ſa ſucceſſion Philippe de France, Duc d'Anjou, ſecond fils de Louis Dauphin & petit-fils d'une ſœur de Charles II. Lorſque le teſtament fut apporté en France, Louis XIV l'accepta, fit reconnoître ſon petit-fils Roi d'Eſpagne, & prit les précautions néceſſaires pour le mettre en poſſeſſion de ce Royaume. A cette nouvelle l'Empereur, l'Angleterre & la Hollande formerent une ligue contre la France & le nouveau Roi d'Espagne. Louis XIV fit des préparatifs pour se mettre en état de se défendre & de soutenir son petit-fils sur le Trône d'Espagne. Sa Majesté donna ses ordres pour faire armer dans tous ses ports afin de mettre de bonne heure en mer une flotte sur l'Océan & une autre sur la Méditerranée. Le Maréchal de Tourville devoit commander celle qu'on destinoit pour la Méditerranée, & le Comte de Château-Regnaut celle qui seroit sur l'Océan.

Le Maréchal de Tourville, se voyant accablé d'infirmités, remercia le Roi de l'honneur qu'il vouloit bien lui faire; dit à Sa Majesté que les forces lui manquoient; qu'il n'étois plus en état d'agir ; qu'ayant donné une partie de sa vie au Roi de la terre, il étoit juste qu'il donnât le peu qui lui restoit à celui du ciel ; qu'il se préparât à ce jour terrible qui n'étoit pas éloigné pour lui. Le Roi nomma à sa place le Comte d'Estrées. Le Maréchal de Tourville avoit trop souvent bravé la mort au milieu des hasards pour la craindre : il la voyoit approcher avec un sang froid & une résignation qui excitoient l'étonnement & l'admiration de tous ceux qui l'environnoient. Enfin ce grand homme mourut la nuit du 27 au 28 Mai 1701, âgé de 55 ans. Le Roi fut fort sensible à sa mort ; M. de Pontchartrain dit à Sa Majesté que la Marine faisoit une perte irréparable. La Renommée qui avoit tant de fois vanté ses triomphes dans toute l'Europe, y annonça bientôt sa mort qui excita les regrets des François & des étrangers. Les Officiers de Marine, qui l'avoient tous pris pour leur modèle, lui firent faire des services dans tous les ports de France : les matelots, qui le regardoient comme leur pere, s'empressoient de se rendre à l'église ; leurs pleurs, leurs soupirs annonçoient leur amour pour ce grand homme & leur douleur de ne l'avoir plus. Le peuple qui accouroit en foule les imitoit. Manes des Héros, ces spectacles que présentent vos funérailles, sont pour vous des éloges qui remuent la nature entiere ! s'ils pénetrent dans vos tombeaux, quelle satisfaction ne doivent-ils pas vous causer ?

Le Maréchal de Tourville ne laissa à sa mort qu'un fils & une fille. Le

Roi, en considération des services du pere, donna quatre mille livres de pension au fils & deux à la fille. Le fils, nommé Louis-Hilarion Comte de Tourville, fut tué à Denain le 27 Juillet 1712, âgé de 20 ans. Il étoit Colonel d'infanterie. La fille nommée Lucie-Françoise de Cotentin de Tourville, épousa le 26 Juillet Guillaume-Alexandre Gallard de Bearn de Bressac, & fut dame du Palais de Madame la Duchesse de Berry.

Le Maréchal de Tourville est un de ces hommes célébres qui ont illustré le regne de Louis-le-Grand. La nature lui avoit donné tout ce qui est nécessaire pour faire les Héros : une intrépidité incroyable dans les dangers; mais une prudence & un sang froid toujours admirables : il montoit à l'abordage quand il le croyoit nécessaire,

& ſavoit toujours l'éviter quand il croyoit qu'on devoit le craindre. Son habileté dans les manœuvres préparoit ſes triomphes. Sa promptitude & ſon adreſſe dans l'uſage de l'artillerie les aſſuroient. Pluſieurs Officiers ſe formerent à ſon exemple & devinrent de grands hommes de mer : il rendit les ſignaux plus intelligibles & plus prompts ; il donna plus de perfection & de facilité à la manœuvre. Enfin il diſpoſa la Marine de France à arriver au degré de perfection où elle eſt aujourd'hui. Ce qui eſt ordinaire aux grands hommes, il aima les femmes ; mais il ne leur ſacrifia pas ſa gloire. Elle fut toujours le principal objet de ſes deſirs & de ſes actions.

FIN.

APPROBATION.

J'AI lu par ordre de Monſeigneur le Garde des Sceaux, *la Vie du Maréchal de Tourville;* & je crois qu'on peut en permettre l'Impreſſion. A Paris, ce 20 Janvier 1783.

Signé, GUYOT.

Le Privilege ſe trouve à la Vie de Doria.

De l'Imprimerie de CHARDON, rue de la Harpe. 1783.

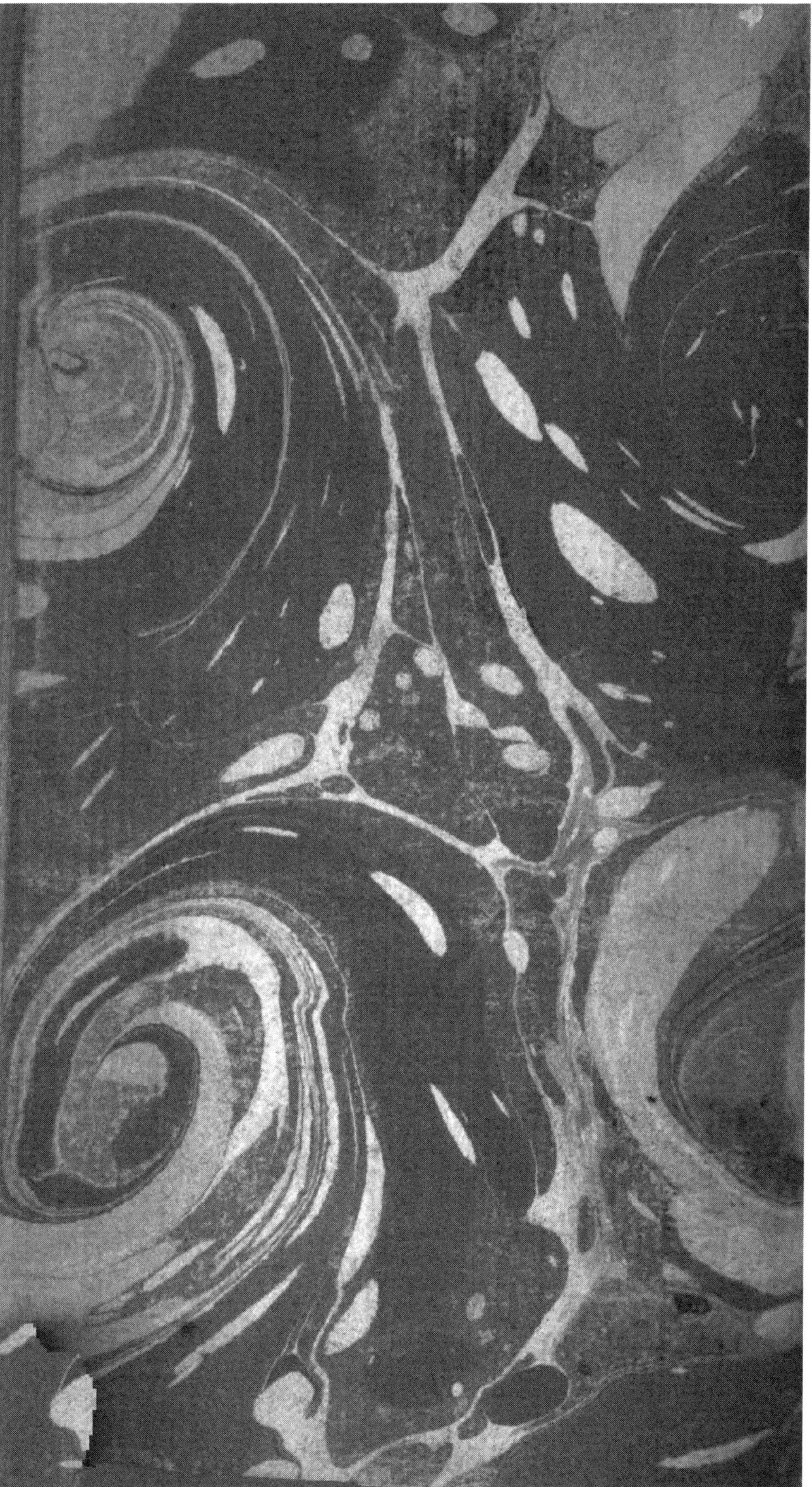

www.ingramcontent.com/pod-product-compliance
Lightning Source LLC
LaVergne TN
LVHW061940220826
846091LV00011B/4061
9781286957844